GEÇMİŞTEN GÜNÜMÜZE
HİKÂYELER

GEÇMİŞTEN GÜNÜMÜZE HİKÂYELER

RUHİ DEMİREL

GEÇMİŞTEN GÜNÜMÜZE HİKÂYELER

Copyright © Muştu Yayınları, 2014
Bu eserin tüm yayın hakları Işık Yayıncılık Ticaret A.Ş.'ne aittir.
Eserde yer alan metin ve resimlerin Işık Yayıncılık Ticaret A.Ş.'nin önceden
yazılı izni olmaksızın, elektronik, mekanik, fotokopi ya da herhangi bir kayıt
sistemi ile çoğaltılması, yayımlanması ve depolanması yasaktır.

Editör
Erol ERGÜN

Görsel Yönetmen
Engin ÇİFTÇİ
Ali ÖZER

Resimleyen
Lojistic Art Sanat Destek Evi

Kapak
Nurdoğan ÇAKMAKCI

Sayfa Düzeni
Bekir YILDIZ

ISBN
978-605-5468-21-7

Yayın Numarası
496

Basım Yeri ve Yılı
Çağlayan A.Ş.
TS EN ISO 9001:2008
Ser No: 300-01
Sarnıç Yolu Üzeri No: 7 Gaziemir / İZMİR
Tel: (0232) 274 22 15
Ekim - 2014

Genel Dağıtım
Gökkuşağı Pazarlama ve Dağıtım
Merkez Mah. Soğuksu Cad. No: 31 Tek-Er İş Merkezi
Mahmutbey / İSTANBUL
Tel: (0212) 410 50 60 Faks: (0212) 445 84 64

Muştu Yayınları
Bulgurlu Mahallesi Bağcılar Caddesi No:1
34696 Üsküdar / İSTANBUL
Tel: (0216) 522 11 44 Faks (0216) 522 11 78
www.mustu.com
facebook.com/kitapkaynagi

SİNSİ PLÂN

Sütunların birbiri ardınca uzandığı salonda bir grup insan ateşli ateşli tartışıyordu. Kimse karşısındakinin ne söylediğini anlamıyordu bile. Hepsinin de yüzünde bir endişe vardı. İçlerinden biri ayağa kalktı.

— Baylar, sessiz olur musunuz, diye bağırdı.

Bunun üzerine bütün gözler kendisine çevrildi. Adamın yüzünde ürküten bir hava vardı. Herkes susunca konuşmasını sürdürdü.

— Bizim için tehlike çanları çalıyor. Müslümanlar, topraklarımıza hakim olmaya başladı.

Salonda bulunanlar arasında bir homurdanma başladı. Adam avucunu masaya sert bir şekilde vurdu. Kaşlarını çatarak yüzünü alabildiğine çirkinleştirdi.

— Her ne kadar bize hoş gelmese de durum bu, dedi. Ama şimdi asıl meselemize gelelim. Bir plânım var. Müslümanlara karşı eşi görülmemiş bir oyun oynayacağız. Neye uğradıklarını şaşıracaklar. Böylelikle, aralarında anlaşmazlıklar çıkacak. Herkes kendi kafasına göre bize karşı koymaya çalışacak.

Salondakiler heyecanlandılar.

— Görüyorum ki hepiniz merak içindesiniz. Acele etmeyin, plânımı açıklayacağım. Ardından da hemen uygulamaya geçeceğiz.

Yeniden homurdanmalar başladı. İnsanlar konuşmanın uzamasından sıkılmışlardı. Plânın bir an önce açıklanmasını bekliyorlardı. Adam bu durumu fark edince gürültülü bir şekilde öksürdü. Sinsi bakışlarla karşısındakileri tek tek süzdü. Yüzünde şeytanca bir gülümseme belirmişti.

Dudak uçlarını aşağıya bükerek konuşmasını sürdürdü.

— Bana İslâmı iyi tanıyan, marifetli ve cesur olan iki adam bulun. Bunu yaparken de kimseye bir şey sezdirmeyin. Evet, plânım şudur: İslâm Peygamberinin vücudunu mezarından çalacağız!

O an salonda buz gibi bir hava esti. Herkes iliklerine kadar titrediğini hissetti. Bir süre taş kesilmişçesine hareketsiz kalakaldılar. Neden sonra duvarları sarsan bir kahkaha sesi duyuldu.

Adam yumruklarını sıkarak konuşmaya devam etti.

— Bakın, plânım sizi bile şaşkına çevirdi. Neye uğradığınızı şaşırdınız. Başarılı olduğumuz zaman Müslümanların hâli nasıl olacaktır kim bilir!

Adam masadaki kadehini eline aldı. Havaya kaldırarak,

— Zaferimizin şerefine, diye haykırdı.

Salonda bir an sessizlik oldu. Ardından kahkahalar birbirine karıştı. Herkes kadehlere davrandı. Ağızlar aynı anda açıldı ve "Zaferimize!" sesleri salondan dışarıya fırladı. Tam bu sırada duvar dibinde bir adam ürkek, kısık bir sesle: "Bu canavarlıktır." diyecek oldu. Diyemedi. Kıyafetinden din adamı olduğu anlaşılan bu zayıf bedenli adam endişeyle süzdü salondakileri. Korkmuştu. Karşı çıkamamıştı.

Sadece kendi duyabileceği bir ses tonuyla,

"Bu kadar alçalamayız. Savaş meydanlarında zaferden ümidimiz kalmamış demek ki. Vay bizim hâlimize! Hem Nureddin Zengi bu plânın mutlaka farkına varacaktır. Mekke ve Medine'de kendisinden izinsiz kuş bile uçmasına izin vermez o. Asla başarılı olamayacağımız gibi, bir de başımıza iş açacağız.

* * *

GEMİDE İKİ KİŞİ

– O oh, bu boğazı çok seviyorum! Bir yanımda Atlas Okyanusu, diğer yanımda Akdeniz… Arkamda Avrupa, önümde Afrika… Burası dört dünyanın buluşma noktası… Çok mutluyum çook!

Geminin güvertesinde, etrafı seyretmekte olan iki kişiden genç olanıydı konuşan. Aleks derlerdi ona. Göbeği öne doğru fırlamış, dolgun suratlı bir adamdı bu. Kalın göz kapaklarının çevrelediği mavi gözlerinden zeki olduğu hemen anlaşılıyordu.

Diğerin adı ise Silva idi. Silva, Aleks'ten birkaç yaş daha büyüktü. Boyu oldukça kısaydı. Dikkat çekecek kadar da zayıftı üstelik. Güvertede dolaşan rüzgâr karşısında ayakta durabilmek için ayrıca bir gayret sarf ediyordu. Sürekli etrafı kolaçan edişinden, bir şeylerden çekindiği belli oluyordu.

Ürkek ürkek etrafa bakınarak,

– Bu işi başaramazsak ben seni o zaman görürüm, diye fısıldadı. Ne gamsız adamsın vesselam! Bir düşünsene, ya bizi bir tanıyan olursa?

– Tanırlarsa tanısınlar, ne olacak?

Silva:

– Bu kılıkla ne arıyorsunuz buralarda, diye sorarlarsa ne cevap vereceğiz?

– Müslüman olduk ve hacca gidiyoruz. Ne var ki bunda?

– Nasıl bu kadar rahat olabiliyorsun, pes doğrusu! Ben her dakika ölüp ölüp diriliyorum!

Aleks, yüzündeki mutluluk ifadesini bozmadan konuştu.

– Bize bu görevi verenler senin bu hâlini görselerdi ne düşünürlerdi acaba? Merak ediyorum doğrusu; sen mi Endülüs'ün en marifetli hırsızısın? Şu hâline bak hele! Korkudan betin benzin atmış. Bırak şimdi endişelenmeyi de boğaz manzarasının tadını çıkar. Korkunun ecele faydası olmaz. Mutlu olmaya çalış. Şu kuşlara bir bak; işte mutluluk bu! Sana hiçbir şey ifade etmiyor mu şu muhteşem manzara?

Silva arkadaşının işaret ettiği yöne çevirdi gözlerini. Gökyüzünün maviliği içinde süzülen kuş sürüsünü gördü.

Suratını asarak,

– Etmez olur mu, dedi. Bir terslik olursa hâlimiz ne olur? Bizi katrana batırıp kuş tüyüne yatırırlar. O tüylü hâlimizle Medine sokaklarında gezdirirler. O zaman tıpkı bu kuşlara benzeyeceğiz...

– !

– Ne o? Mutluluğuna katran mı döktüm yoksa? Ama unutma ki başımıza gelebilecek bir durum bu. Düşünsene, Müslüman kılığına bürünmüş iki gayrimüslimiz... İslâm Peygamberinin vücudunu çalıp Endülüs'e götüreceğiz! Hem de onca insanın gözü önünde... Ne macera ama! Aklın ve mantığın alabileceği bir şey mi bu?

Aleks bu sözler üzerine gülümsemeyi bıraktı. Bakışlarını alabildiğine sertleştirerek,

– Başka çaremiz mi var, diye gürledi.

Silva korktu. Bir adım geriye çekildi. Onun bu hâlini gören Aleks yumuşadı.

– Bunu yapmaya mecburuz. Biliyorsun ki Müslümanlarla baş edemiyoruz. Ordularımız mağlubiyet üstüne mağlubiyet alıyorlar. Peygamberlerinin vücudunu kabrinden çalıp bizimkilere teslim edersek İslâm ordularının morali bozulacaktır. Bir de kazanacağımız altınları düşün! Çil çil... Binlerce altın! Ömrümüzün sonuna kadar sokaklarda hırsızlığa paydos. Yattığımız yerden yaşayıp gideceğiz.

Silva altınlardan bahsedilince heyecanlandı.

Gözlerini iri iri açarak,

– Ama kabre nasıl yaklaşacağız, diye sordu.

– Kılığımıza baksana sersem! Neden bu kıyafetleri giyindiğimizi sanıyorsun? İş olsun diye mi?

Unutma, artık her hareketimiz Müslümanca olacak. Halka bol bol hediye dağıtacağız. Böylece kendimizi herkese sevdireceğiz. Medinelilerin güvenini kazandık mı iş kolay... Yeter ki sen bir sakarlık yapma! Eğer bir şüphe çekersek Sultan Zengi tepemize biner bak! Ha bu arada sakın unutma; senin adın Cemal, benim adım Talip...

— Ama benim adım Silva!

Aleks sinirlenmemek için kendini sıktı.

Sesini biraz yükselterek,

— Sen ne laf anlamaz adamsın be, diye çıkıştı. Sana yüz kere söyledim; artık herkes bizi Müslüman bilmeli. Tıpkı onlar gibi yaşamalıyız. İsimlerimizi bu yüzden değiştirdik.

— Haaa...

— Yaaa...

* * *

ÖZLEM

Selçuklu Atabeyi Nureddin Mahmut Zengi odasında bir aşağı bir yukarı geziniyordu. Yanındaki veziri göz ucuyla onun sıkıntılı hâlini seyrediyordu.

Sonunda dayanamadı ve saygı dolu bir sesle,

— Sultanım sıkıntılı görünüyorsunuz, dedi. Sizi böylesine düşündüren olay nedir acaba? Derdinizi açar mısınız?

Nureddin Zengi cevap vermeden epeyce bir süre bekledi. Sonra yerdeki mindere oturdu.

Derin bir nefes aldı ve sonra,

— Nice zamandır Mekke ve Medine'ye gidemedik Cemaleddin, dedi. Gönlümüz o kutsal yerleri görmeyi arzu eder. Peygamber toprağının kokusunu ciğerlerimize doyasıya çekebilsek ne güzel olurdu değil mi?

Vezir gözlerini yere dikti.

Başını sallayarak,

— Güzel olurdu tabi, dedi ve yapılacak işleri sıralamaya başladı.

Yapılacak o kadar çok iş vardı ki Nureddin Zengi bu ziyaretini ertelemesi gerektiğini anladı.

* * *

KİRALIK EV

Medine sokakları ana baba günüydü. Şehir sakinleri dünyanın dört bir yanından gelen ziyaretçileri ağırlıyorlardı. Herkes alış veriş yapıyor, dükkânlar dolup dolup boşalıyordu. Aleks ve Silva şık bir kıyafetle dükkânları dolaşıyorlardı. Küçük bir dükkânın önüne geldiler.

Aleks tezgâhtaki çocuğa,

– Merhaba, dedi.

Çocuk elindeki kumaşı sarmaya çabalarken gülümseyerek,

– Hoş geldiniz, dedi. Ne arzu etmiştiniz efendim?

Aleks de gülümsedi. Yapmacık bir tavrı vardı.

— Benim adım Talip, bu da arkadaşım Cemal, dedi. Biz Endülüslü Müslümanlarız. Hacca geldik. Bir süre Medine'de kalmayı düşünüyoruz. Sonra Kâbe'yi ziyarete gideceğiz. O güne kadar kalacak bir ev arıyoruz.

Çocuk elindeki kumaş topunu rafa koydu. Başındaki takkeyi çıkardı. Kafasını kaşıyarak bir süre düşündü,

— Babam namaz kılmak için mescide gitti, dedi. Az sonra gelir. Durumu bir de ona anlatalım. Mutlaka size yardım edecektir.

İki kafadar içeriye geçtiler. Çocuğun gösterdiği yere oturuken Silva,

— Senin adın ne, diye sordu.

— Ali efendim.

— Silva heyecan dolu bir sesle arkadaşına seslendi:

— Aa, duydun mu Aleks, dedi. Adı Ali'ymiş. Senin adına benziyor!

Çocuk şaşkın şaşkın baktı ikisine. Aleks bir an ne diyeceğini bilemedi. Sonra kendini toparlayıp,

— Aleks mi? O da kim? Benim adım Talip! Ta-lip... Ali ile Talip'in neresi birbirine benziyor ki?

Silva yaptığı yanlışı fark etmişti. Hemen atıldı.

— Nasıl benzemiyor? Senin isminin içinde Ali geçiyor ya! T-ali-p... Gördün mü?

Aleks gülümsemeye çalışarak onayladı.

— Ya, dedi. Adımız birbirine benziyor. Bu arada sormadan edemeyeceğim. Şu kitapları kim okuyor?

Ali bir köşedeki dolaba üst üste konulmuş kitaplara baktı.

– Ben, dedi.

– Sahi mi, dedi Aleks. Bu yaşta kitaba düşkün olan birini ilk defa görüyorum.

Silva araya girdi.

– Ben kitap okumayı hiç sevmem.

Ali şaşırmış gibi bir yüz ifadesi takınarak,

– Ama nasıl olur, dedi. Oysa Endülüs'te dünyanın en büyük kütüphaneleri vardır. Sizler yanı başınızdaki kültür hazinelerinin farkında değil misiniz yoksa?

Silvanın gözleri açılıverdi.

– Hazine mi?

Ali güldü.

– Canım, hazine dedimse para demek istemedim. Bana göre her kitap bir hazinedir. Bu yüzden öyle konuştum.

Aleks durumu kurtarmak için,

– Ben çok okurum, dedi. Endülüste'yken çoğu kez kütüphanelerde sabahlardım. Ah ne günlerdi onlar!

Ali derin bir iç geçirdikten sonra,

– Keşke ben de oralara gidebilseydim, dedi.

Silva elini sallayarak,

– Eğer istiyorsan dönüşte seni de götürebiliriz, dedi.

Bu sırada tezgâha bir müşteri yanaştı. Ali onunla ilgilenmek için sırtını döndüğünde Aleks arkadaşının böğrüne sert bir dirsek vurdu. Canı fena hâlde yanan Silva bağırmamak için dudaklarını ısırdı.

Çok geçmeden Ali'nin babası geldi. Ak sakallı, güler yüzlü bir ihtiyardı. Tatlı bir ses tonuyla,

– Hoş geldiniz, dedi.

Aleks ve Silva ayağa kalktılar:

– Hoş bulduk.

– Baba bunlar Endülüs'ten gelmişler, dedi. Bu amcanın adı Talip, bu da...

Silva atıldı.

– Benim adım da Cemal! Hac vazifemizi yapmak için geldik. Kalacak yer arıyorduk. Ali, sizin bize yardımcı olabileceğinizi söyledi.

Adam memnun olmuştu.

– Lütfen oturun, dedi. Kalacak yer ayarlarım size. Benim adım Hüseyin. İşimden dolayı Tüccar Hüseyin de derler. Söyleyin bakalım, Medine'nin neresinde kalmak istersiniz?

Aleks biraz düşünür gibi yaptıktan sonra,

– Peygamber Efendimizi ziyaret için buralara kadar geldik, dedi. O'nun kabrine çok yakın bir yerde kalmak isteriz. Gece gündüz Mescidi Nebevi'de ibadet ederek, burada geçen zamanımızı iyi değerlendirmek istiyoruz. Bir dakikayı bile ziyan etmemeliyiz. Buralara gelmek bir daha nasip olmayabilir, öyle değil mi efendim?

Tüccar Hüseyin başını salladı.

– Öyle, öyle...

Aleks elini dizine vurdu.

– Ee, ne dersiniz? Eğer müsaitseniz artık kalkalım. Yıllardır hasretiz bu topraklara. Bir an önce mescide gitmek için can atıyoruz.

Tüccar Hüseyin önde iki sahtekâr arkada yola koyuldular. Mescidi Nebevi'nin kıble tarafında bir evin önüne gelince durdular. Tüccar Hüseyin:

— Sanırım burası aradığınız özellikte bir ev, dedi.

Aleks ve Silva'nın gözleri parlıyordu. Umduklarından da kolay olmuştu bu iş. Tüccar Hüseyin, Alek'sin omzuna dokundu.

— Peygamber Efendimizin kabrine çok yakın bir ev burası, dedi. Namazlarınızı mescitte kılar, sonra da Efendimizi ziyaret edersiniz. Sahabe efendilerimizin mezarlarının bulunduğu Baki Kabristanı buraya çok yakın. Sık sık oraya da gider dua edersiniz. Haa unutmadan söyleyeyim, bir şeye ihtiyaç duyarsanız, hemen bana gelin. Elimden geldiğince size yardımcı olurum.

Aleks ve Silva'nın sevinçten adeta ayakları yere değmiyordu. Tüccar Hüseyin onları eve bıraktı ve dükkanına döndü.

Onun gidişiyle evin içini inceden inceye gözden geçirdiler.

— Şimdi ne yapacağız Aleks?

— Yan gelip yatacağız!

— İyi, zaten yorulmuştum. Kendimi yatağa bir atayım, üç gün uyanmam gayri!

— Sen adamı çıldırtırsın be! Ne yatması, ne uykusu? Hemen dışarıya çıkacağız. Etrafı kolaçan edeceğiz. İnsanların güvenini kazanacağız. Sonra da bir yolunu bulup kabre ulaşacağız. Haydi, yürü bakalım!

* * *

MESCİDDE

Yanlarına bir miktar para alıp dışarıya çıktılar. Yolda karşılaştıkları herkese gülümseyerek selam verdiler. Mescide vardılar. Tam namaza duracaklardı ki, arkadan birinin sesini duydular.

– Hey, bir dakika! Siz ne yapıyorsunuz öyle?

Aleks ve Silva'nın yüreği ağzına geldi. Endişeyle geriye dönüp kendilerine seslenen kişiye baktılar. Bu, ihtiyar biriydi. Bakışlarında bir şaşkınlık vardı. Aleks titrek bir ses tonuyla,

– Bize mi seslendiniz efendim, diye sordu.

– Evet! Ne yapıyorsunuz siz?

Silva korku içinde arkadaşının kulağına,

– İşte şimdi ayvayı yedik, diye fısıldadı. Adam niyetimizi anlamış olmalı. Şimdi ne yapacağız?

Aleks soğukkanlı görünmeye çalışıyordu. Boynunu bükerek,

— Namaz kılacaktık, dedi.

Adam yanlarına kadar geldi. İkisini baştan ayağa süzdükten sonra,

— Buralı değilsiniz galiba, dedi.

Aleks:

— Doğru tahmin ettiniz, Endülüs'ten geliyoruz. Bir sorun mu vardı?

İhtiyar gülümsedi.

— Yabancı olduğunuz belli oluyor. Namaz için yanlış yöne duruyordunuz. Bu yüzden seslendim size. Kıble şu tarafta...

İki arkadaş bir an ne diyeceklerini bilemediler. Kendini ilk toparlayan Aleks oldu.

— Aa, sahi, dedi. Buralara ilk gelişimiz tabi. Bu yüzden acemilik çekiyoruz biraz. Bizi uyardığınız için teşekkürler...

İhtiyar, başını sallayarak geri döndü. İki kafadar derin bir "oh" çektiler.

Mescitten çıkıp sokaklarda dolaştılar. Gördükleri yoksullara hediye dağıttılar. Günler bu şekilde geçip gidiyordu. Onların bu davranışları kısa zamanda dilden dile yayıldı. Medineliler artık bu iki adamı iyi insanlar olarak anıyorlardı.

Aleks ve Silva nihayet kararlarını verdiler. Kaldıkları evin tabanından Peygamberimizin kabrine doğru bir tünel kazacaklardı. Çıkan toprağı da kimseye fark ettirmeden Baki Kabristanlığı'na götürüp dökeceklerdi. Hemen işe koyuldular.

BENİ BUNLARDAN KURTAR!

Nureddin Mahmut Zengi geç saatlere kadar devlet işleriyle uğraştı. Sonra kalkıp abdestini tazeledi ve namaz kıldı. Seccadesinin üzerinde uzun uzun dua ettikten sonra yatağına uzandı. Günün yorgunluğuyla hemen uykuya daldı.

Rüyasında Peygamber Efendimiz belirdi. O nurlu yüzünde bir tuhaflık vardı. Yanındaki iki kişiye kızgınlıkla bakıyordu. Nureddin Zengi dikkat kesildi. Bu adamlar sarışın, mavi gözlüydüler. "Bu yabancılar kim acaba?" diye düşünürken Peygamberimizin sesini duydu.

– Nureddin, beni bu adamlardan kurtar!

Nureddin Zengi irkildi. Aynı anda uykudan uyanıverdi. Yatağında oturur vaziyette bir süre gördüğü rüyayı düşündü.

Kendi kendine mırıldanarak,

– Peygamberimiz, "Şeytan benim şeklime bürünemez. Beni rüyada gören gerçekten görmüştür." diyor. Öyleyse tuhaf bir şeyler oluyor. Acaba Peygamber Efendimiz ne demek istedi?

Bir anlam veremeyince kalktı, abdest aldı. Teheccüt namazı kıldı. Gördüğü rüyayı düşünerek dua etti. Sonra tekrar yatağına uzandı. Epey bir süre sonra uykuya daldı. Fakat çok geçmeden rüyasında yine Peygamber Efendimiz'i gördü. O iki yabancı da oradaydı.

Peygamber Efendimiz onları işaret ederek,

– Nureddin, beni bunlardan kurtar, dedi.

Nureddin Zengi korkuyla uyandı. Yatağından çıkıp odasında aşağı yukarı dolaştı. Kafası karışmıştı. Ne yapacağını bilmiyordu. Çaresiz, tekrar yattı. Fakat aynı rüyayı üçüncü kez gördü.

Peygamber Efendimiz:

– Nureddin, beni bu adamlardan kurtar, diyordu.

Nureddin Zengi feryat ederek uyandı. Hemen yatağından fırlayıp dışarı çıktı. Veziri Cemaleddin Mavsili'yi çağırdı. Üç kez üst üste gördüğü rüyayı ona anlattı.

Sonra,

– Ne dersin, diye sordu. Bu rüyanın mutlaka bir hikmeti var. Sence neler oluyor Cemaleddin?

İyi bir insan olan Cemaleddin Mavsili eli çenesinde derin derin düşündü.

Sonunda dudak bükerek,

– Yarın erkenden yola çıksak, dedi.

– Nereye?

– Medine'ye...

– Neden?

– Peygamber Efendimiz "Beni kurtar." demişse Medine'de bir şeyle oluyor demektir. Rüyanızda gösterilen o iki insanı orada arayalım. Bakalım bulabilecek miyiz?

Nureddin Zengi başını sallayarak,

– Haklısın, dedi. Burada oturup eli kolu bağlıymış gibi durmaktansa Medine'ye gitsek iyi olur. Hem uzun süreden beri oraları görsek, deyip duruyorduk. Kimseye duyurmadan sabah erkenden yirmi süvariyle birlikte yola çıkalım. Yanımıza bol miktarda hediye alalım. Medinelileri tek tek çağırıp kendilerine hediyelerimizi sunalım. Böylelikle o iki adamı araştırırız.

Hazırlıklar yapıldı. Gün doğarken yirmi iki atlı yola koyuldu.

* * *

TÜNEL

— Aleks şu toprakları çıkar. Buraya birkaç mum daha getir. İçerisi çok karanlık!

— Bütün işleri ben yapıyorum. Sen sadece toprak taşıyorsun.

Aleks elindeki kazmayı bıraktı. Başını çarpmamaya özen göstererek Silva'nın yanına kadar geldi.

Kan ter içinde olan yüzünü işaret ederek,

– Şu halime bak, diye bağırdı. Kazı işini kolay mı sanıyorsun? İstersen işleri değişelim. Sen kaz, ben toprağı çekeyim. Bakalım becerebilecek misin?

Silva bir Aleks'e bir kazmaya baktı.

Kazma işini gözü kesmeyince gülümsedi,

– Şaka yaptım canım, dedi. Sen devam et. Ben toprağı taşırım. Ama haberin olsun yukarda epeyce toprak birikti. Onları bir an önce bir yere götürüp boşaltmamız gerekiyor.

Aleks alnında biriken terleri koluyla sildi.

– Merak etme, tıpkı plânladığımız gibi yapacağız. Sabahleyin gün doğarken Baki Kabristanı'nı ziyaret eder, yanımızda götürdüğümüz toprakları mezarlara serpiştiririz.

Silva içi toprak dolu çuvalı sürürken sırıttı.

– Ne akıllı adamsın vesselam. Şeytana bile külahını ters giydirirsin sen. Bir oğlum olursa adını Aleks koyacağım.

Tekrar işe koyuldular. Ta şafak vaktine kadar ara vermeksizin çalıştılar. Sonra çekilip bir süre dinlendiler.

Gün doğumuna az bir zaman kala üzerlerindeki iş kıyafetlerini çıkarıp temizlendiler. En güzel elbiselerini giyinip kokular süründüler. Sonra da içi toprak dolu çuvalları sırtlayıp dışarıya çıktılar. Ortalık tenhaydı. Ara sokaklardan geçerek Baki Kabristanına geldiler. Çok yorulmuşlardı. Biraz oturup soluklandılar.

Silva:

— Sence kaç günlük işimiz kaldı, diye sordu.

Aleks boynunu ovuşturarak,

— Böyle çalışmaya devam edersek, on beş yirmi günde işimiz biter, diye cevap verdi.

Kalkıp çuvalları uygun yerlere boşalttılar. Doğruca eve geldiler. Odanın tabanındaki tünel ağzını tahtalarla kapattılar. Üzerine de halı serdiler. Etrafı bir güzel temizlediler.

Aleks bir kahkaha atarak,

— Kimse burada bir tünel olduğunu fark edemez, dedi.

— Haklısın Aleks. Peki şimdi ne yapacağız? Gün boyunca yatacağız değil mi?

Aleks kaşlarını çatarak baktı arkadaşına.

— Ne tembel adamsın ha! Bıraksam ayılar gibi aylarca yatacaksın.

— Ama çok yorulduk...

— Yorulmak yok! Buraya koca Avrupa için geldik. İnsanlar bize bu işi güvendikleri için verdiler. O hâlde canımızı dişimize takıp çalışacağız.

— Ne yani, dedi. Gündüzleri de mi kazı yapacağız?

— Hayır, sadece geceleri kazacağız. Gündüzleri halk arasına karışıp onlardan biriymişiz gibi davranmaya devam edeceğiz. Kimseyi şüphelendirmemeliyiz. Haydi paraları yanına al da çıkalım artık. Fakir fukaraya sadaka filan verelim.

Silva koştu, sandıktan içi dolu bir kese çıkardı.

— Bu canım paraları dağıtmak çok ağrıma gidiyor, dedi.

— Sabret. Memlekete dönünce ağırlığımızca altınımız olacak. Kaz gelen yerden tavuğu esirgemeyelim. Yalnız şu çocuğun adı neydi, ha Ali...

Dün Baki Kabristanı'na giderken bizi izliyordu. O çocuğun bakışlarını hiç beğenmiyorum. Babası Tüccar Hüseyin bize hayran olmasına rağmen o çocuk şüpheli şüpheli bakıyor bize. Çok uyanık birine benziyor. Başımıza bir iş açmasın. Dikkatli olmalıyız. Haydi gidelim artık. Bu gün yapılacak bir sürü işimiz var.

Silva keseyi kuşağına yerleştirirken güldü.

– Doğru söylüyorsun, yapılacak çok iş var.

* * *

ATLILAR

Yirmi iki atlı çölde ilerliyordu. Atlar ve insanlar yorgundu. Sadece namaz ve yemek için duraklıyorlardı.

Cemaleddin Mavsili askerleri ve altlarındaki atları askerleri şöyle bir süzdükten sonra,

— Sultanım, dedi. Yakınlarda bir köy daha var. Orada biraz dinlenelim mi? Daha fazla devam etmemiz mümkün değil. Atlar çatlamak üzere.

Nureddin Zengi oralı olmadı. Dudakları kıpır kıpırdı. Belli ki Kur'an okuyordu.

Epeyce bir zaman sonra konuştu.

— Duramayız Cemaleddin. İçimde müthiş bir sıkıntı var. At üstünde uyuyup bir an önce Medine'ye varmalıyız. Orada bir şeyler oluyor. Acele etmeliyiz. Sözünü ettiğin köye sadece atları değiştirmek için uğrayalım. Askerlere de söyle, dişlerini sıksınlar. Yarın oraya ulaşırız Allah'ın izniyle. O zaman bol bol dinlenirler.

— Emredersiniz sultanım.

— Ha sahi, kaç gündür yoldayız?

Camaleddin Mavsili biraz düşündükten sonra,

— Tam on beş gün oldu sultanım, dedi.

Sultan başka bir şey demedi. Dudakları yine kıpır kıpırdı. Gözleri ise sevgili Peygamberimizin mezarının bulunduğu köyü bir an önce görme arzusuyla sürekli ileriye bakıyordu.

* * *

YER SARSINTISI

Tünelde kazı tüm hızıyla sürüyordu. Aleks kazıyor, Silva ise çıkan toprağı çuvallara dolduruyordu. Mezara çok yaklaşmışlardı.

Bir gürültü koptu. Yer sarsılıyordu. Mumun alevi sönecek kadar azaldı. Tavandan yer yer toprak dökülüyordu.

Aleks kazmayı atıp bir yere tutundu. Silva korku dolu gözlerle ona bakıyordu.

– Neler oluyor Aleks?

– Bilmiyorum!

Gürültü gittikçe şiddetleniyordu. Tünel çökecek sandılar.

— Silva, çabuk çıkalım buradan!

Hızla tünelin ağzına doğru ilerlemeye başladılar. Güçlükle dışarıya çıktılar. Ev titriyordu. Pencereye koştular. Gök yüzünde peş peşe şimşekler çakıyordu. Aleks olanlara bir anlam veremeyince,

— Tuhaf bir durum bu, diye mırıldandı. Yağmur yok. Ama gök çatlayacak gibi...

— Aleks şuraya bak! Bir karaltı var.

Aleks irkilerek Silva'nın işaret ettiği yere baktı. Gerçekten de orda biri vardı. Kapıya koştu.

Silva arkasından bağırdı.

— Aleks nereye?

— Beni burada bekle!

Aleks dışarıya çıktı. Bu sırada karşıdaki karaltı da hareketlendi. İki evin arasındaki yıkıntının üzerinden aşıp kayıplara karıştı.

Az sonra Aleks geri döndü. Kan ter içindeydi.

— Bir çocuktu, dedi. Sanırım Ali'ydi. Bu çocuk başımıza bir iş açmadan şu tüneli bitirsek iyi olacak. Bir gün daha kalamayız artık buralarda.

Silva çok korkmuştu. Aleks'in koluna yapıştı.

— Dostum Allah bizi cezalandıracak galiba. Ne olur gidelim buralardan. Başımıza kötü şeyler gelecek yoksa.

Aleks arkadaşına baktı ve kararlı bir sesle,

— Hayır, dedi. İşimizi bitirmeden asla burayı terk etmeyeceğiz. Ortalık sütliman olunca yeniden tünele ineceğiz. Neredeyse kabre ulaştık sayılır. Şimdi gidip yatalım biraz. Sonra devam ederiz.

HEDİYE

— İşte! Nihayet Peygamber şehri göründü. Görüyor musun Cemaleddin, ne de güzel değil mi? Vallahi buranın bir avuç toprağını tüm dünyaya değişmem.

Vezir, Sultanın gözlerindeki yaşları fark etti. Bütün Müslümanlar gibi o da çok seviyordu Medine'yi. Peygamber Efendimizin burada yaşadığı anıları hatırlayınca kendisinin de gözleri doluverdi. Ağladığını belli etmemeye çalışarak,

— Doğru söylüyorsunuz sultanım, dedi. Yeryüzünde Mekke ve Medine gibi kutlu bir yer başka nerede var ki? Buralar insanların en büyüğüne ev sahipliği yaptı. Mübarek yerlerdir.

Atlarını heyecanla mahmuzladılar. Şehre girdiklerinde etraf pek kalabalık değildi. Sultan doğruca mescide gitti. Abdest alıp namaz kıldı. Sonra kalktı, Peygamber Efendimizin mezarının başına geldi. Rüyasındaki olayın çözülmesi konusunda kendisine yardım etmesi için Allah'a dua etti. Ardından da şehrin sorumlusunu çağırdı ve kendini tanıttı. Epeyce hoş beş ettikten sonra meramını anlattı.

– Medinelilere hediyeler getirdim. Tellallar geldiğimi herkese duyursun. Herkes ismini yazdırsın. Sonra isim sırasına göre gelip hediyesini benden alsın.

Tellallar sokaklara çıkıp sultanın sözlerini halka duyurdular. Medine'nin her sokağında yüksek sesle aynı cümleler tekrar edildi.

– Ey Medineliler! Sultanımız Nureddin Mahmut Zengi Aksungur, Peygamber Efendimizin kabrini ziyaret amacıyla şehrimize gelmiştir. Beraberinde de sizler için çeşit çeşit hediyeler getirmiştir. Sultanımızın isteği üzerine, şehrimizde yaşayanlar isimlerini yazdıracak, hediyesini alacaktır.

Halk bu ani ziyaret karşısında şaşkına dönmüştü. Kimi hediye almak, kimi sultanı görmek için işini gücünü bırakıp koştu. Muhafızların da yardımıyla düzgünce sıraya geçtiler. Tek tek sultanın önünden geçip hediyelerini alanlar,

– Allah sizi başımızdan eksik etmesin sultanım, diye dualar ediyorlardı.

Sultan, önünden geçenleri dikkatle süzüyor, rüyada kendisine gösterilen kişileri arıyordu.

Listede ismi bulunan son kişi de gelip hediyesini aldı. Aradığı insanlara benzeyen kimseyi göremeyen Sultan'ın canı sıkılmıştı. Merakla etrafına bakındı.

– Listeye ismini yazdırmayan başka kimse kaldı mı, diye sordu.

Şehrin sorumlusu listeye bir göz attıktan sonra:

– Hayır sultanım, dedi. Medinelilerin hepsi geldi.

Vezir Sultanın kulağına eğildi.

– Rüyada gördükleriniz sarışın ve mavi gözlü olduğunu söylemiştiniz, dedi.

Sözünü ettiğiniz kimseler belki yabancıdırlar. Ne dersiniz?

Sultan elini yanağına yasladı, bir süre düşündü.

– Şehirdeki yabancıları da görmek istiyorum, dedi.

Şehrin sorumlusu Sultanın birilerini aradığını anlamıştı. Endişeli bir sesle,

– Sultanım, dedi. Bir sorun mu var?

Sultan düşünceli düşünceli bakıyordu. Başını sallayarak,

– Evet, diye cevap verdi. Hem de çok önemli bir sorun. Ama üstesinden gelemedik.

— Sakıncası yoksa canınızı sıkan meseleyi öğrenebilir miyim? Belki bir yardımım dokunur.

Sultan gördüğü rüyayı ona da anlattı. İki kişinin Peygamber Efendimize zarar vermek için Medine'ye gelmiş olabileceğini söyledi. Ardından,

— Bu iki adamı ne yapıp ne edip bulmalıyız, dedi.

Şehir sorumlusu,

— Merak etmeyin efendim, dedi. Eğer sözünü ettiğiniz kişiler Medine'deyse ben şimdi gider bulurum onları.

Askerler yeniden sokaklara daldılar. Gördükleri herkese şehirde sarışın yabancılar olup olmadığını soruyorlardı. Nihayet yoksul bir adam,

— Aradığınız kişileri ben tanıyorum, dedi.

Adam askerlerin önüne düştü. Doğruca Aleks ile Silva'nın kaldığı eve getirdi.

— İşte, iki sarışın adam burada kalıyor. Endülüslü iki Müslüman olduklarını söylüyorlar. Çok yardımsever insanlar. Üstelik çok da ibadete düşkünler. Her gün namazlarını mescitte kılar, Peygamber Efendimizin mezarını ziyaret ederler. Ayrıca, onları her sabah Baki Kabristanı'nda görürüz.

Askerler hemen kapıyı tıklattılar. Aleks ve Silva'yı alıp Sultan'ın huzuruna getirdiler. İkisinin de endişeli oldukları gözlerinden okunuyordu. Sultan onları görür görmez heyecanlandı. Vezirine dönüp,

– Bunlar rüyada bana gösterilen adamlar, diye fısıldadı.

Sakin olmaya çalışarak ayağa kalktı. Aleks ve Silva'nın yanına kadar geldi.

Aleks heyecanlanmıştı.

– Kusura bakmayın, dedi. Halkın sizden övgüyle söz ettiğini duydum. Sizleri bu yüzden çağırdım. Bana biraz kendinizden bahseder misiniz?

Aleks delicesine çarpan kalbine hakim olmaya çalışarak:

– Ben Talip, bu da arkadaşım Cemal, dedi. Bizler hac vazifenizi yapmak üzere buralara kadar geldik. Yarın da memleketimize, Endülüs'e dönecektik efendim.

– Ya öyle mi? Çok güzel! Haccınız mübarek olsun. Medine'de size iyi davrandılar mı?

Bu kez Silva konuştu.

– Tabi, buraların insanı çok misafirperver. Medine'yi çok sevdik.

Sultan her hareketlerini izliyordu. Fakat şüphelenecek her hangi bir hâllerini görmedi. Peygamberimiz rüyada neden bunlardan kendisini kurtarmasını istemişti acaba? Kararlı bir ses tonuyla,

– Kaldığınız evi görmek istiyorum, dedi. Beni evinize götürün!

İki arkadaş aynı anda,

— Evimize mi, diye şaşkınlıkla sordular.

— Evet, doğru duydunuz. Yoksa bir sakıncası mı var?

Aleks telaşını gizlemeye çalıştı.

— Yoo, ne sakıncası olsun ki? Evimizi ziyaret etmenizden şeref duyarız efendim.

— Ne duruyoruz? Gidelim o hâlde!

Topluca yola koyuldular. Dar sokaklardan yürüyerek giderken Sultan iki arkadaşa sorular sormaya devam ediyordu. Aleks İslamiyet hakkındaki geniş bilgilerini kullanarak bu sorulara ustaca yanıtlar veriyordu. Bu sırada halktan bazıları da onlara katılmıştı. Tüccar Hüseyin'in dükkanının önünden geçerlerken tezgahta duran Ali kalabalığı görünce merakla dışarıya fırladı. Kalabalığın peşine takıldı. Yanındaki gence,

— Hayrola, dedi. Sultan nereye gidiyor?

— Endülüslü iki adam var ya, onların kaldığı eve gidiyor.

Ali en öndeki Aleks ve Silva'ya baktı. İkisi de Sultan'ın yanı sıra başları önde yürüyorlardı. Tekrar gence dönerek,

— Neden, diye sordu. Bir sorun mu varmış?

Genç omuzlarını silkti.

— Bilmem, galiba onların halka yaptıkları yardımları duymuş. Belki de bu sebeple evlerini ziyaret ederek onları şereflendirmekk istiyordur. Keşke bizim evimize de gelseler.

Çok geçmeden eve geldiler. Kalabalık dışarıda beklerken Sultan yanındakilerle içeriye girdi. İçerisi karanlık denecek kadar loştu. Muhafızlar koşup perdeleri açtılar. Etraf bir anda aydınlanıvermişti. Evde kapağı süslü kitaplar ve birbirinden değerli eşyalar vardı. Anormal bir durum gözükmüyordu.

Şehrin sorumlusu,

— Sultanım, diye fısıldadı. Halk bu iki adamdan övgüyle söz ediyor. Geldikleri andan itibaren yoksullara bol bol yardımda bulunmuşlar. Bunların kötü bir niyetleri olabileceğini sanmıyorum.

Nureddin Zengi evin her yanını inceden inceye gözden geçirdi. Adamların eşyalarına bile tek tek baktı. Fakat yine de şüphelenecek bir şeye rastlamadı. Bir süre sonra vezirine döndü.

— Rüyamdaki adamların bunlar olduğundan eminim Cemaleddin, diye fısıldadı. Bunlar bir iş çeviriyorlar ama nedir bilmiyorum. Vallahi bu olayı çözmeden Şam'a dönmeyeceğim. Şimdilik bu kadar yeter. Haydi çıkalım.

Dışarıya çıkmaya davranırken Sultanın gözleri pencereye takıldı. On iki yaşlarında bir çocuk anlamlı anlamlı kendisine bakıyordu. Durdu, çocuğun yüzündeki ifadeyi izledi bir süre. Gözlerine dikkat kesildi. Çocuk kaşlarıyla bir şeyler işaret ediyordu. Sultan onun baktığı yere çevirdi gözlerini. Birden bire,

– Durun, diye haykırdı.

Salonda bulunan herkes olduğu yerde çakıldı kaldı. Bütün gözler Sultana bakıyordu.

– Kaldırın şu halıyı yerden!

Askerlerden ikisi atıldı. Bir hamlede halıyı kaldırıverdiler. O an gözler fal taşı gibi açılıverdi. Zeminde tahtadan yapılma bir kapak vardı. Sultan yavaş adımlarla oraya doğru ilerledi. Herkes merak içindeydi.

– Bu kapağın altında ne var?

Aleks ve Silva tir tir titremeye başlamışlardı. Yüzleri korkudan sapsarı olmuştu. Sultan bir cevap alamayınca sesini yükselterek tekrar bağırdı.

— Size soruyorum, ne var bu kapağın altında?

Aleks kekeleyerek,

— Şeey, diye inledi. Bilmiyorum. Biz de yeni görüyoruz bunu. Öyle değil mi Silva?

Sultan şaşırdı.

— Silva mı? Onun adı Cemal değil miydi? Söyleyin, kimsiniz siz?

Aleks ne diyeceğini bilemez hâldeydi. Silva ise korkudan neredeyse ölecekmiş gibi duruyordu.

– Askerler, kaldırın şu kapağı! Bakalım altında ne varmış?

Emri alan askerler koşup kapağı kaldırdılar. Aşağıya inen merdivenleri gören herkes daha bir şaşırdı. Şaşkınlığı ilk atan sultan oldu.

– Bu adamları tutun. Bir kısmınız da benimle gelin. Bu tünelin ucu nereye çıkıyormuş, kendi gözlerimizle görelim.

Muhafızlar, Aleks ve Silva'yı tutup sıkıca bağladı. Bu sırada Sultan, vezir ve bir kaç muhafız tünele girdi. İçerisi çok karanlıktı. Vezir bir muhafıza,

– Birkaç tane meşale getirin, dedi.

Meşaleler hemen geldi. Sultan önde diğerleri arkada, tünelde ilerlemeye başladılar. Herkes büyük bir merak içindeydi. Nihayet tünel sona erdi. Sultan elini önündeki toprağa yasladı. Bu tünelin niçin kazıldığını anlamıştı. Gözlerini Medine sorumlusuna çevirerek,

– Peygamber Efendimizin kabrine kaç metre daha var, diye sordu.

Medine sorumlusu heyecanla,

– Birkaç metre, diye cevapladı.

Bu söz üzerine oradakilerin tüyleri diken diken olmuştu. Vezir dayanamadı. Gözyaşları içinde,

– Bu nasıl bir iştir ya Rabbi, dedi. Kim böylesine alçalabilir?

Sultan Nureddin Zengi elini vezirinin omzuna koydu. Ağlamaklı bir sesle,

– Şükür ki yetiştik. Yoksa İslâm âlemi neye uğradığını şaşırır, ne yapacağını bilemezdi.

Sakin adımlarla geldiği yoldan geriye dönerken kendi kendine konuşur gibiydi. "Şimdi bize düşen şey, bu adamların kim olduğunu ve amaçlarını öğrenmektir. Bu, sadece iki kişinin plânlayacağı bir iş değil. Muhakkak haçlıların parmağı var bu işte. Savaş meydanlarını kendilerine dar ettik ya, artık böyle iğrenç plânlarla bizi parçalamaya çalışıyorlar. Ama asla başaramayacaklar. Bütün inananlar bu olayın duyulmasıyla tek yürek olacaktır. Böyle giderse çok yakında Kudüs'ü bile yeniden fethederiz inşallah. Çünkü o mübarek şehir asla uzun süreliğine bu insanların egemenliğinde kalamaz."

Tünelden çıktılar. Sultan sıkı sıkıya bağlı olan adamları sorguya çekti. Silva olanı biteni bir bir anlattı ve sözlerini şöyle bitirdi.

– Düne kadar her şey yolunda gidiyordu. Fakat geceleyin gök gürültüsü ve şimşeklerle yer yerinden oynadı. Çok korkup işi bırakmak zorunda kaldık. Bu gece amacımıza ulaşmayı düşünüyorduk Fakat sabahleyin tellalların sesini duyduk. Sizin geldiğinizi halka haber veriyorlardı. Herkesle görüşme isteğinizi hayra yormadık. Perdeleri çekip evimize kapandık. Siz şehri terk ettikten sonra devam edecektik. Ama gördüğünüz gibi, evdeki hesap çarşıya uymadı. Ben zaten başarılı olabileceğimizi hiç düşünmüyordum. Şimdi iyice anladım ki inandığınız Tanrı, Peygamberini koruyor.

Sultan vezire döndü ve herkesin duyabileceği bir şekilde,

– Derhal bu hain plânı halka haber verin, dedi. Dilden dile dolaşsın, tüm Müslümanların haberi olsun bu durumdan. Böylelikle daha uyanık olurlar. Aramıza sızan düşmanlarımızı ve niyetlerini fark etsinler. Akın akın üzerimize gelen haçlı ordularına niçin karşı koyduğumuzu bir kere daha anlasınlar.

Sonra kaşlarını çatarak Aleks'e ve Silva'ya baktı.

— Bu sahtekarlara gelince... Her ikisine de layık oldukları ceza verilsin.

Vezir saygıyla eğildi.

— Emredersiniz Sultanım, dedi.

Birkaç muhafız eşliğinde Aleks ve Silva'yı götürdü.

Onların gidişinden sonra Sultan, Medine sorumlusuna,

— Bundan sonra şehrinde kuş uçsa haberin olsun, dedi.

Medine sorumlusu çok mahçup olmuştu. Hüzünlü bir eda ile,

— Emredersiniz Sultanım, diye karşılık verdi.

Dışarıya çıktılar. Mescide doğru gidiyorlardı ki Sultan durdu, etrafına bakındı. Gözleri demin camdan bakan küçük çocuğu arıyordu. Göremeyince yanındakilere sordu.

— Biz içerdeyken pencereden bakan bir çocuk vardı. Şöyle on iki yaşlarında görünüyordu. Koyu siyah saçlı, zayıf yüzlü bir çocuk... Zeytin gibi gözleri vardı. Kimdi o?

Herkes sağa sola bakındı. Öyle birini göremediler. Medine sorumlusu,

— Emrederseniz aratıp buldurayım efendim, dedi.

Sultan gülümsedi.

— Gerek yok, dedi. Kendisini gizlemiştir. Fakat öyleleri uzun süre kayıp olarak yaşamazlar. Bu memleketin gözü açık insanlara ihtiyacı var. Bir gün kader onları alır, layık olduğu yere çıkarır zaten.

* * *

KURŞUN DUVAR

Ali her zamanki gibi babasının dükkânındaydı yine. Gelen müşterilere bakıyor, vakit buldukça kitap okumaya devam ediyordu. Tüccar Hüseyin namazdan döndü. Yeleğini çıkarıp asarken göz ucuyla oğluna bakıyordu. Ali onun bu bakışlarını fark edince sordu.

— Ne oldu babacığım, niçin anlamlı anlamlı bakıyorsun?

Tüccar Hüseyin sevgiyle gülümsedi oğluna.

— Hiç, dedi. Öylesine bakıyorum işte.

Raflardaki kumaşları düzeltmeye koyuldu. Aslında o bakışlar hiç de öylesine değildi. Tüccar Hüseyin mescitte olanı biteni duymuştu. O adamlara ev bulduğuna pişman olmuştu. İçten içe bir sıkıntı yaşarken Sultan'ın sorduğu çocuğun oğluna benzediğini fark etmişti. Bu yüzden dikkatli dikkatli bakmıştı.

— Oğlum, penceredeki çocuk sendin değil mi?

— ...

Ali gözlerini okuduğu satırlardan ayırmadı bile. Tüccar Hüseyin üstelemedi.

Bir kenara oturdu ve kendi kendine konuşur gibi,

— Sultan Nureddin Zengi şu an Peygamberimizin mezarının etrafına derin bir hendek kazdırıyor. Orayı erittiği kurşunlarla dolduracak. Bundan sonra kimse o kurşun duvarı delemez. Kıyamete kadar hiçbir kötü niyetli insan bir daha böyle bir şeye kalkışamaz inşallah.

Ali başını kaldırdı. Zeytin karası gözlerini babasına dikti.

Ta kalbinden gelen bir sesle,

– Allah O'nu yaşarken nasıl koruduysa bundan sonra da hep öyle koruyacaktır, diye fısıldadı.

Sonra tekrar kitabını okumaya başladı.

– Ne okuyorsun Ali?

Ali, babasına elindeki kitabın kapağını gösterdi. Tüccar Hüseyin gülümsedi. Uzanıp oğlunun siyah saçlarını okşadı ve özlem dolu bir sesle şöyle dedi.

– Keşke biz de O'nun zamanında yaşamış olsaydık da, hayatını böyle kitaplardan okumak yerine gözlerimizle görseydik. Ama ne yazık ki asırlar sonra geldik.

Ali de gülümsedi. Sonra duvara asılı takvime baktı. Tarih 1162 yılını gösteriyordu. Bir an gözlerini yumup altı yüz yıl öncesine uçurdu hayallerini. Gözlerini açtığında babasına sevgiyle baktı.

– Gönlümüz onunla olduktan sonra aradaki zamanın ne önemi var ki, dedi.

Bu cümle Tüccar Hüseyin'in çok hoşuna gitti. Oğlunun ellerini tuttu.

– Zekan kadar dilin de güzel, dedi. İnşallah gelecekte insanlara yol gösterecek büyük bir adam olursun. Allah seni Müslümanlara rehber eylesin.

Bu esnada bir gürültü koptu. Ali ve babası dışarı fırladılar.

Karşı dükkandaki ihtiyar gülümseyerek,

— Sultan Nureddin geçiyor, dedi.

Sokakta büyük bir telaş vardı. Herkes Sultan'ı görebilme heyecanıyla itişip kakışıyordu. Sultan ise sakin bir şekilde yürüyor, bir yandan da sağa sola selam veriyordu. Bir aralık Ali'yi gördü. Onu tanımıştı. Baştan ayağa şöyle bir süzdü. Önünden geçerken gözleriyle selamladı. Ali saygıyla başını öne doğru eğerek bu anlamlı selama karşılık verdi.

Sultan geçip gitti. Arkasından bakan Ali'nin dudaklarından şu kelimeler döküldü.

– Allah, düşmanlarınıza fırsat vermesin, tehlikelere karşı kalbinizi uyanık etsin Sultanım!

* * *

MİMBER

EN SEVGİLİ SULTAN

Takvimler 1151 yılının ilk baharını gösteriyordu. Güneş baharın bu ilk gününde yeryüzüne hayat üfleyerek vazifesini yerine getiriyordu. Işığın dokunduğu yerler arasında Şam şehri de vardı.

Şehrin tam ortasında güzel bir okul bulunuyordu. Öğrenciler avluda neşeyle oynuyorlardı.

Bir kenarda on üç yaşlarında bir çocuk gözlerini havada uçuşan güvercinlere dikmişti. Hüzünlü bakışlarını bu sevimli kuşlardan bir an bile ayırmıyordu.

Bir aralık ayağının ucunda duran çubuğu fark etti. Hemen uzanıp onu aldı. Kuru toprağın üzerine şekiller çizmeye başladı.

Oyun oynayanlardan biri onu görünce yanına yaklaştı. Terli alnını silerken,

— Yanına oturabilir miyim Selahaddin, diye sordu.

Bir an bakıştılar. Selahaddin göz kapaklarını "tabi" anlamında kapayıp açtı. Çocuk oradaki iskemlelerden birine usulca oturdu. Selahaddin çubuğu yere bıraktı.

Arkadaşı yerdeki şekilleri inceledi.

— Kudüs'ü düşünüyorsun değil mi?

Selahaddin arkadaşına baktı.

— Bunu nasıl anladın?

Çocuk güldü.

— Senin başka bir şey düşündüğün yok ki! Aklın fikrin hep orda. Bu yüzden bir kere olsun güldüğünü görmedik. Hep hüzün var yüzünde. Şu çizdiğin büyük daire yanılmıyorsam Kudüs... Ok işaretleri de şehre hücum eden askerlerin, öyle değil mi?

Selahaddin cevap vermedi. Bu sırada güvercinler şadırvanın üzerine konmaya hazırlanıyorlardı. Onları izlediler. Çocuk bir elini Selahaddin'in dizlerine koydu, yüzüne bakarak,

— Biliyor musun, dedi. Seni tanımasam 'asık suratlı biri' diye düşünürdüm. Fakat okulun en sevilen öğrencisisin. Tepeden tırnağa merhamet duygusuyla bezenmişsin. Yüzün gülmüyor olsa da çocuklar seni bu yüzden seviyorlar.

Okul avlusundaki şadırvanın üzerine konan güvercinler etrafta oynayan çocukları ürkek ürkek izliyorlardı. Havada baharın rengi vardı. Bölgenin en güzel günleri bu mevsimde yaşanırdı. Sonra yoğun bir sıcak sokaklarda kol gezmeye başlardı. Böyle zamanlarda dışarıya çıkmak, ancak önemli işi olanların cesaret edebileceği bir davranış olurdu.

Selahaddin arkadaşının gözlerinin içine bakarak,

— Bir gün güleceğim inşallah Ahmet, dedi.

Ahmet merakla sordu.

— Ne zaman?

— Kudus'ü geri aldığım zaman!

— Kudüs'ü geri mi alacaksın? Nasıl?

Ahmet şaşkın şaşkın bakıyordu arkadaşının yüzüne. Selahaddin kendinden emin bir şekilde konuşmasını sürdürdü.

— İslâm askerleri Kudüs'ü fethettiğinde rahipler şehrin anahtarını vermemişler. "Biz eski kitaplarımızda anlatılan insandan başkasına bu anahtarları vermeyiz!" demişler. Bunu duyan Hazreti Ömer hemen yola çıkmış. Üzerindeki elbisede tam on dört yama varmış. Deveye hizmetçisiyle nöbetleşe binerek şehre doğru ilerlemeye başlamış. Tam şehre girerken deveye binme sırası hizmetçiye gelmiş. Bütün ısrarlara rağmen Hazreti Ömer yaya, köle ise deve sırtında şehre girmişler. Bu durumu gören rahipler şaşkına dönmüşler. Ellerindeki anahtarı Hazreti Ömer'e teslim ederlerken şöyle demişler.

"Kitaplarımızda bir gün Kudüs'ü kaybedeceğimiz yazıyordu. Şehrin anahtarlarını almaya gelen adamın elbisesinde on dört yama olacaktı. Üstelik bu adam hizmetçisinin bindiği devenin yularını çekerek şehre girecekti. Tıpkı şu an olduğu gibi..." demişler.

Ahmet sözün nereye varacağını düşünüyordu. Selahaddin az önce onu kendisine sorduğu soruya cevap verdi.

— Kudüs'ü fethetmek için önce Ömer olmak, Ömer gibi yaşamak gerekir. Ben de Ömer olacağım Ahmet. Onun gibi yaşayacağım. Göreceksin, bir gün o şehri Hristiyanlardan geri alacağım!

Selahaddin'in rüyasıydı Kudüs. Her gün bu kutlu şehri düşünüyordu. Kafasında plânlar yapıyor, bir gün ne yapıp ne edip orayı fethetmeyi hayal ediyordu.

Kudüs'ü görenlere rastladıkça onları durduruyor, şehir hakkında bilgiler alıyordu. Bu bilgileri önceki bilgilerle birleştirip yeni yeni plânlar kuruyordu. Arkadaşları oyun eğlence peşinde koşarken o hep Kudüs'ü düşünüyordu.

Bazen bir asker oluyor, bazen bir komutan... Kimi zaman da bir Sultan oluyordu. Ama hep atını Kudüs'e sürüyordu. Rüzgar gibi uçuyor, esiyordu. Şehrin kapılarını tek eliyle çekip yıkıyordu. Burçlara bayrağı kendi elleriyle dikiyordu.

Ahmet başını önüne eğdi. Kendi kendine mırıldanır gibi,

— Seni bizden ayıran en büyük özellik de bu zaten, dedi. Biz günümüzü gün ederken sen büyük düşünüyorsun. Kudüs'ü kaybetmişiz kaybetmemişiz bu umurumuzda olmazken senin uykuların kaçıyor. Yemeden içmeden kesiliyorsun. Yüzünden eksik olmayan hüzünle yatıp kalkıyorsun. İnşallah bu hayallerin bir gün gerçeğe döner.

Selahaddin'in gözleri doluverdi. O da başını önüne eğdi. Sanki bir şiir okuyormuşçasına içinden geçen duyguları sıralamaya başladı.

— Ah Kudüs! Boynu bükük şehir. İslâmın ilk kıblesi... Üç mübarek mescitten birini bağrında barındıran Kudüs... Peygamberimin Miraca yükseldiği Mescidi Aksa'yı kucaklayan kutlu belde... Tam seksen bir yıl tutabildik seni elimizde. Sonra kayıp gittin avucumuzdan. Söyle Kudüs, kırgın mısın bize? Ömer gibi insanlar kalmadığı için mi bıraktın bizi? Ömerler tekrar dönse kapılarını açar mısın bizlere?

Ahmet de ağlıyordu. Hazreti Ömer'in Kudüs'ü alışından tam seksen sekiz yıl sonra olanları hatırlamıştı. Şehri Haçlılar yeniden almışlardı Müslümanların elinden. Taş üstünde taş bırakmamışlardı. Binlerce cana kıymışlardı. Sokaklarda atların ayakları dizlerine kadar kana batıyordu.

— Sen bir gün Kudüs'ü fethedersen Haçlıların bize yaptıklarının intikamını alacak mısın Selahaddin?

Selahaddin irkildi birden. Aynı olayları o da hatırlamıştı. Şaşkın şaşkın baktı Ahmet'e.

Kızarcasına,

— Şaka mı yapıyorsun, dedi. Ben intikam peşinde koşacak biri miyim? Hani az önce beni tanıdığını söylüyordun sen!

Ahmet özür diler gibi boynunu büktü.

— Biliyorum, dedi. Sen gerçek bir Müslümansın. Ağzımdan kaçtı işte...

Selahaddin gözlerini kısarak,

— Onlar o vahşeti yaptı diye biz de öyle davranamayız, dedi. Çünkü Müslümanız. Şehri aldığım gün kimsenin kılına bile dokunmayacağım. İsteyenler dinini özgürce yaşayacaklar.

Selahaddin bu sözleri bir sultan edasıyla söylüyordu. Sanki at üstünde Kudüs'e giren muzaffer bir komutan gibi asil bakıyordu gözleri.

* * *

YENİ DEVLET

Selahaddin kocaman bir delikanlı olmuştu. İlim yönünden kendini iyice geliştirmişti. En sevdiği konular tarihle ilgili olanlardı. Sohbetlerde sözü döndürüp dolaştırır geçmişte yaşanan olaylara getirirdi. O olayları enine boyuna tartışır, değerlendirirdi.

Bir gün kendisini amcasının görmek istediğini söylediler. Selahaddin heyecanlanmıştı. Sevinç içinde amcası Sirkuh'un yanına vardı. Sirkuh meşhur bir komutandı. O sıralarda Haçlılarla mücadele ediyordu.

Selahaddin, amcasının huzuruna çıktı.

— Beni çağırmışsınız amcacığım.

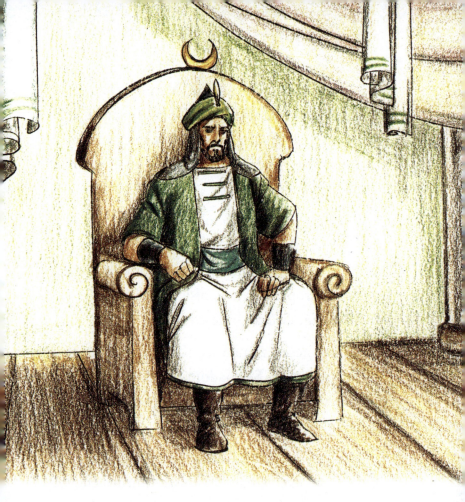

Sirkuh yeğenini sevgiyle kucakladı.

– Hoş geldin Selahaddin. Askerliğe olan ilgini bilirim. Seni orduma almak istiyorum, ne dersin?

Selahaddin çok sevindi. O günden sonra İslâm orduları içinde haçlılara karşı mücadele etmeye başladı. Başarı üstüne başarı kazandı. Onun bu hâli komutanların gözünden kaçmıyordu. Herkes Selahadin'in askeri yeteneğine hayran kalmıştı.

Bir süre sonra Sirkuh öldü. Yerine Selahaddin'i geçirdiler. Böylece Mısır Melik'i ünvanıyla vezir olmuştu. O sırada Selahaddin otuz bir yaşındaydı. İslam orduları onun önderliğinde yine zaferden zafere koşmaya devam etti.

Bir süre sonra bağlı olduğu Sultan da vefat etti. Bunun üzerine Selahaddin kendi devletini kurdu. Artık o Eyyubiler devletinin hükümdarıydı. Kısa sürede topraklarını genişletti. Bölgedeki halkı kendi bayrağı altında birleştirdi.

Aradan geçen zaman içerisinde Eyyubiler devleti iyice güçlendi. Selahaddin de cömert, erdemli, merhametli, adaletli ve kararlı bir hükümdar olarak halkın gönlünde taht kurdu.

Artık en büyük hayalini gerçekleştirmek için harekete geçme zamanı gelmişti. Bütün gücüyle Haçlılar üzerine yürüdü.

* * *

ESİR

Ordu içinde bir kıpırdanma oldu. Ardından da bağrışmalar birbirine karıştı. Beş on asker kılık kıyafetinden yabancı olduğu anlaşılan birini sürüyerek otağa doğru getiriyorlardı.

Selahaddin gürültü duyunca dışarıya fırladı. Üstü başı toz toprak içinde olan eli kolu bağlı adamı görünce,

— Bu ne hâl, diye sordu.

Bir muhafız öne çıkarak,

— Haçlı ordusundan bir asker, dedi. Bizi uzaktan gözetlerken yakalandı. Cezasını vermeden önce size getirmeyi düşündük.

Sultan yerdeki adamın yanına kadar yürüdü. Başucunda yere çömeldi.

Eliyle adamın yüzündeki tozları silerek,

– Ona bu şekilde davranmayın, dedi. Kaldırın, üstünü başını temizleyin. Açsa karnını doyurun. Sakın kendisine eziyet etmeyin. Bu adam misafirimizdir. Daha sonra kendisiyle görüşeceğim.

Komutanlardan biri kaşlarını çattı.

– Ama Efendim, dedi. Bunlar Kudüs'ü bizden aldıklarında kadınlara, bebeklere varıncaya kadar hepsini katlettiler. Şimdi intikam almak yerine buna merhamet mi edelim yani?

Sultan Selahaddin derin derin baktı komutanına. Sonra gözlerini şaşkın şaşkın kendisini izleyen esire dikti.

– Evet, dedi. Merhametli davranacağız. O bizim esirimiz. Dinimiz esirlere nasıl davranılmasını emrediyorsa öyle davranacağız. Kimse Allah'tan daha merhametli olamaz. Hatta bileğini bağladığınız ip acı veriyorsa gevşetin onu.

Herkes şaşkındı.

Selahhadin onlara döndüp,

– Eğer bu orduda dinine hizmet etmek isteyenler varsa onların başım üstünde yeri vardır, diye seslendi. Yok eğer, intikam peşinde koşmak arzusu taşıyanlar varsa onlar hemen burayı terk etsinler. Çünkü bu ordu intikam ordusu değil, insanlara huzur götüren bir ordudur. Düşmanlarınıza geçmişte size yaptıkları şekilde cezalandırırsanız doğrunun ölçüsü ne olacak? Kim temsil edecek gerçek insanlığı? Bizim onlardan farkımız, dinimizin emrettiğini yaşıyor olmamızdır. Onların bizden farkı ise gönülleri ne emrediyorsa onu yaşıyor olmalarıdır. İşte iki şeçenek: Ya insan olacağız, ya da insan bozması bir canavar!

Kimseden çıt çıkmıyordu. Selahaddin onlardan bir cevap beklermiş gibi bir süre durdu.

Gözlerdeki hayranlık ifadesini görünce otağına döndü.

Selahaddin'in namı dilden dile yayılmaya başladı. Adaleti ve merhameti o güne kadar hiçbir sultanda görülmemişti. Bu özelliği ülkenin sınırları dışında anlatılır oldu. O kadar ki Avrupa'da ona karşı ordular tertip eden Hıristiyanlar bile Selahaddin'i takdir ediyorlardı. Ama doğunun en sevilen sultanı olan Selahadin'in en büyük hayalinin ne olduğunu da bilmiyor değillerdi. Bu yüzden sürekli uyanık durmaya, ordularını daha da güçlendirmeye çalışıyorlardı.

* * *

CUMA NAMAZI

Selahadin'in bir özelliği daha vardı ki herkes buna hayrandı. Evi yoktu onun. Koskaca bir devletin başında olmasına rağmen başını sokacak küçük bir kulübe dahi yaptırmamıştı kendine. Ordunun hazırladığı otağında, bir çul üzerinde yatıp kalkıyordu.

Bir gün yanına gelen çocukluk arkadaşı onun hasır üzerinde oturduğunu görünce çok şaşırmıştı.

Sohbet arasında,

– Sultanım, dedi. Sen de herkes gibi kendine bir ev yapsan...

Arkadaşı cümlenin devamını getiremedi. Selahaddin'in yüzündeki sert ifadeyi görünce susmuştu. Selahaddin ayağa kalktı. Hasır üzerinde bir o yana bir bu yana yürüdü.

Sonra arkadaşına döndü.

— Ahmet, dedi. Bilirsin seneler önce okul bahçesinde seninle bazı şeyler konuşmuştuk. Anlaşılan o ki o konuşmalarımızı hepten unutmuşsun. Oysa ben bir kelimesini bile unutmadım orada konuştuklarımızın.

Ahmet o an yıllar önce okul bahçesinde yaptıkları konuşmayı hatırlayıverdi. Mahçup bir eda ile başını önüne eğdi.

Selahaddin konuşmaya devam etti.

— Allah'ın evi esir iken ben nasıl kendime bir ev kurabilirim Ahmet?

Ahmet'in yüreği eriyiverdi sanki.

İçinde beliren incecik bir sızıyla,

— Bağışlayın Sultanım, diye inledi.

Ortalık yine sessizliğe büründü. İki eski dost yine hüzünlenmişlerdi. Bu sırada müezzinin sesi duyuldu. Sela okuyordu.

Selahaddin arkadaşına döndü.

— Neyse üzme tatlı canını, inşallah Rabbim bir gün o esarete son verecektir. Haydi namaz için hazırlık yapalım.

Kalktılar. Beraberce abdest aldılar. Az sonra ezan da okundu. Herkes bölük bölük namaza

durdu. Cuma namazının ilk sünneti kılınmıştı ki imam hutbe okumak için mimbere çıktı. Heyecanlı görünüyordu.

Oysa bu güne kadar bu mimberde kimse kendisini hiç bu kadar heyecanlı görmemişti. Bu durum Sultan Selahadin'in de dikkatinden kaçmamıştı.

Nihayet imam söze başladı. Hutbesinin konusu tebessüm idi. Gülümsemenin önemini uzun uzadıya anlattı.

Sözlerini bitirirken Sultan Selahaddin'in yüzüne bakarak,

— Ey Müslümanlar, dedi. Gülümsemek bile bir sadakadır. Allah'a inanan insan, asık suratlı olmamalı.

Sultan, hutbede kendisine seslenildiğinin farkındaydı. Öylece dinledi. İmam nihayet hutbesini bitirdi. Mimberden indi. Mihraba doğru ilerlemeye başladı.

Cemaatin arasından yürürken bir elin cübbesinin eteğinden çektiğini fark etti. Merakla elin sahibine baktı. Sultan Selahaddin'le göz göze geldiler. İmamın yüzünde bir endişe belirdi.

Sultan yanındakilerin de duyabileceği bir sesle,

— Hocaefendi, dedi. Biliyorum, hutbede bana bir şeyler anlatmaya çalıştın.

İmam buram buram terlemişti. Merakla Sultanın sözü nereye getireceğini bekliyordu.

Selahaddin hüzünlü bir ifadeyle,

— Söylediklerin doğru, dedi. Ama Allah aşkına söyle, Kudüs haçlı elindeyken ben nasıl gülerim? Mescidi Aksa'da ezan sesleri duyulmazken ben nasıl neşeli görünebilirim?

İmam diyecek bir şey bulamadı. Buruk bir kalple mihraba geçti. Tekbir alıp fatiha sûresini okudu. Ardından da İsra Sûresini okumaya başladı. Herkes ilk ayetin anlamını ezbere biliyordu. "Kulunu, kendisine birtakım ayetlerimizi göstermek için bir gece Mescidi Haram'dan çevresini mübarek kıldığımız Mescidi Aksa'ya yürütenin şanı pek yücedir. Şüphesiz o duyandır, görendir." İmam bu ayeti bitirdiğinde başta Sultan Selahaddin olmak üzere herkes ağlıyordu.

* * *

MARANGOZ

Sultan Selahaddin bir gün etrafındakilere,

— Bana memleketin en usta marangozunu çağırın, dedi.

Orada bulunanlar bu istek karşısında önce şaşırdılar. Gayesini anlamak istercesine Sultan'ın yüzüne baktılar. Acaba bu güne kadar kendisine bir ev bile yaptırmayı kabul etmeyen Selahaddin bu düşüncesinden vaz mı geçmişti? Daha fazla beklemeden hemen bir adam gönderdiler.

Çok geçmeden gün görmüş bir ihtiyar geldi. Selam verdi.

— Sultanımız beni emretmişler, dedi.

Selahaddin bu sevimli ihtiyarı yanına oturttu. Diğerlerini dışarıya çıkarttı.

Kendilerinden başka kimse kalmayınca Sultan sandığından bir kağıt çıkarıp ortaya koydu ve ihtiyara,

– Bak Usta, dedi. Bu benim en büyük hayalimdir. Senden hayatının eserini yapmanı isteyeceğim. Bu gördüğünün aynısını yapabilir misin?

İhtiyar, Selahaddin'i çok iyi tanırdı. Kağıda bakar bakmaz onun niyetini anlamıştı.

Bir süre şekli çizilen cismi inceledikten sonra,

– Bundan çok daha iyisini de yaparım Sultanım, dedi. Yalnız bana biraz zaman vermelisiniz.

Sultan rahat bir nefes aldı. Hâlinden memnun olduğu anlaşılıyordu.

Elini ihtiyarın omzuna koyarak,

– Zaten acelem yok, dedi. Haydi göreyim seni. İstediğin bütün malzemelerin listesini ver bana.

İhtiyarla bir süre daha sohbet ettiler.

Sonunda Selahaddin,

– Allah işinde kolaylık versin, diyerek yaşlı ustayı uğurladı.

O ana kadar dışarıda bekleşenler ihtiyarı aralarına alıp,

— Ne oldu, diye sordular. Sultan sonunda çadırda yaşamaktan vaz geçti değil mi? Sana kendisi için bir ev yapmanı mı emretti?

İhtiyar acı acı gülümsedi.

— Yok, dedi. Sultan öyle bir şey istemedi benden. Hem merak etmeyin, Sultan hiçbir zaman kendisini düşünmeyecektir. O hasır üzerinde yaşamayı göze almış birisi. Ev kurmak bir yana, kefen parası bile koymaz bir kenara.

— Peki seni neden çağırmış o zaman?

İhtiyar, koltuğunun altındaki plânları daha sıkı kavradı.

Aralarından sıyrılmaya çalışırken,

— Sabredin, dedi. Yakında göreceksiniz!

Aradan epeyce bir zaman geçti. Bir gün muhafız Sultan Selahaddin'in huzuruna çıktı.

— İhtiyar marangoz geldi Sultanım, dedi.

İhtiyarı içeriye aldılar. Sultan ayakta karşıladı onu.

Heyecan dolu bir ses tonuyla,

— Tamam mı, diye atıldı. Sana söylediğim mimberi yaptın mı?

İhtiyar usta gülümsedi.

Elindeki plânları bir kenara bırakırken,

– Tamam, diye cevap verdi. İstediğinizden de güzel bir mimber yaptım. Şu an dışarıda...

Hemen çıktılar. Sultan Selahaddin hızlı adımlarla otağın önünde duran koca mimbere doğru yürüdü. Bu sırada gözleri parlıyordu.

Duygularını bir kelimeyle ifade ediverdi.

– Muhteşem!

İhtiyar sakin görünüyordu. Eserinin beğenilmiş olması onu çok mutlu etmişti.

Sultan mimberin yanına vardı. Parmak uçlarını maun ağacından yapılmış mimberin nakışları üzerinde dolaştırmaya başladı. Sanki bir çocuğun başını okşar gibiydi.

Gözlerini kapattı ve kendi kendine konuşur gibi mırıldandı.

– Şimdi hayallerime bunu yerine koyacağım günü de ekleyebilirim!

Sonra ihtiyarın yanına geldi.

Memnuniyeti gözlerinden okunuyordu.

– Allah senden razı olsun, dedi. Bana bu mutluluğu yaşattın ya... Şimdi söyle bakalım, bu mimbere verdiğin emek karşılığında benden ne istiyorsun?

İhtiyar usta başını önüne eğdi. Zor duyulan bir sesle,

— Hiçbir şey, dedi. Yalnız...

Sultan merakla böldü ihtiyarın sözünü

— Evet, yalnız ne?

İhtiyar adam başını kaldırdı. Gözlerinin ucunda yaşlar birikmişti.

Ağlamaklı bir ses tonuyla,

— Ne olur, bunu layık olduğu yere koyun! Sizden tek isteğim budur!

Sultan Selahaddin de duygulanmıştı.

Başını sallayarak,

— Allah'ın izniyle o da olacak, dedi.

Aradan yıllar geçti. Bu süre içinde ordusuyla oradan oraya koşturdu durdu. Bütün gücüyle haçlılara karşı mücadele etti. "Selahaddin geliyor!" dendi mi haçlıların yürekleri ağızlarına geliyordu. Bu şanlı komutan Asya'yı kendilerine dar etmişti.

Sultan Selahaddin nereye gittiyse mimberi de oraya götürüyordu. Herkes bu davranışını tuhaf buluyordu. Ama o bundan hiç vaz gemedi. Sık sık mimberin yanına geldi, saatlerce orada kaldı. Bir gün bu mimberi koyacağı yeri düşündü durdu.

* * *

KUDÜS'TE

Nihayet beklenen gün gelmişti. Ordu toparlanmış Sultan Selahaddin'i bekliyordu. Selahaddin atıyla askerlerinin önüne çıktı.

Baştan sona onları süzdükten sonra konuşmaya başladı.

– Sizler bu yola Allah için çıktınız. En büyük arzunuz şehit olmaktır, bilirim. İşte size bu arzunuzu gerçekleştirmeniz için bir fırsat... Kudüs'e, Mescidi Aksa'ya gidiyoruz!

Askerler hep birlikte tekbir getirdiler. Hepsi büyük bir sevinç yaşıyordu. Hazırlıklar yapıldı. İslam orduları sel gibi aktı kupkuru çöller üzerinden. Kudüs'ü saran surların önüne geldiler. Şehri kuşatma altına aldılar. Bu kuşatma iki hafta kadar sürdü. Nihayet 2 Ekim 1187'de bir Cuma günü surları aştılar. O gün Miraç gecesiydi. Bu yüzden çok anlamlıydı. Çünkü seneler önce Sevgili Peygamberimiz bu şehirden miraca yükselmişti. Hristiyan askerleri teslim oldu. Halk endişeyle kendilerine nasıl davranılacağını bekliyordu.

Sultan Selahaddin doğruca Mescidi Aksa'ya vardı. Bu muhteşem binanın karşısında atından indi. Göz yaşları içinde karşısındaki camiye baktı.

Sonra yanındakilere döndüp,

— Mimberi getirin, dedi.

Hemen koştular. Yıllar önce ihtiyar bir ustaya yaptırılan mimberi alıp geldiler.

Selahaddin onu camiye koydurdu. Sonra iki rekat şükür namazı kıldı.

Namazdan sonra ellerini Yüce Mevlaya açarak, gözyaşları içinde,

— Ya Rab dedi, bu fethi bana nasip ettiğin için sana canlıların solukları adedince hamd olsun!

Sultan Selahaddin daha sonra Mescidi Aksa'dan çıktı. Atına bindi ve halkı meydanda topladı.

Onlara,

— Ey insanlar, dedi. Şehri daha önce fetheden Hazreti Ömer halka nasıl davrandıysa ben de size öyle davranacağım. Kimse korkmasın. İntikam almaya niyetim yok. Hiç birinizin kılına bile dokunulmayacak.

Her birinize adaletle ve şefkâtle davranılacak. Dininizi de özgürce yaşayabilirsiniz. İbadethanelerinize dokunulmayacak. İsteyen burada kalır, isteyen istediği yere gidebilir. Hepiniz serbestsiniz!

Halk kulaklarına inanamadı. Oysa seksen sekiz yıl önce burayı Müslümanlardan aldıklarında kendileri halka yapmadıklarını bırakmamışlardı. Şimdi ise karşılarındaki hükümdar o yaptıklarının intikamının alınmayacağını söylüyordu. Hatta bununla da yetinmiyor, kendilerini özgür bırakıyordu. Şaşkın şaşkın birbirlerine baktılar. Sonra tarifsiz bir sevince büründüler. İçlerinde o an Müslüman olmaya karar verenler bile vardı.

Sultan Selahaddin şehirde işleri yoluna koyduktan sonra başkent Şam'a döndü. Gönlü artık huzur içindeydi. Sürekli gülümsüyordu.

* * *

SUSUZ MİMAR

KAFESTEKİ KUŞ

İstanbul, en güzel ikindi vakitlerinden birini yaşıyordu. Gökyüzü alabildiğine berraktı. İhtiyar bir adam, Süleymaniye Camii'nde kıldığı namazının tesbihatını yapıyordu.

Koca Sinan derlerdi ona. Halk severdi kendisini. Yaşından ve yaptığı eserlerin ihtişamından dolayı "Koca" lakabını takmışlardı ona. Gerçekten de Koca Sinan doksan dokuz yaşındaydı. Ama hâlâ dinçti. Kendi işlerini kendi görebiliyordu.

Bir ara pencereye kayan gözleri, hemen ileri-deki evden çıkan Cemil'e takıldı. Duasını tamamlayıp elleriyle aksakalını sıvazladı. Pencereden onu izlemeye koyuldu.

Dokuz yaşlarında olan Cemil elindeki kafesi eriğin dalına astı. Koşarak eve girdi. Geri döndüğünde bu defa elinde küçük bir kazma vardı. Kafesin yanına geldi, kuşa bir şeyler söyledi. Ardından da eğilip ağacın dibini kazmaya başladı. Kazmayla yerden kaldırdığı toprağı elleriyle parçalıyor, dikkatle bir şeyler arıyordu. Koca Sinan, onun niyetini anlamıştı. Gülümsedi.

Cemil heyecanla doğruldu. Elinde kıvrılıp duran kalınca bir solucanı kafesin üstünden aşağı sarkıttı. Fakat heyecanı mahzunluğa dönüştü. Kuş solucana dönüp bakmamıştı bile.

Koca Sinan sakin bir şekilde pencereden çekildi, kapıya yöneldi. Az sonra Cemil'in bulunduğu yere gelmişti.

– Selâmün aleyküm Cemil.

Cemil başını çevirince kendisine selâm veren ihtiyarı gördü.

Yüzünü saygı dolu bir ifade kaplarken,

– Aleykümselâm Sinan dede, diye sesledi.

– Ne o, topraktan çıkardığın solucan kuşun ilgisini çekmedi mi yoksa?

Cemil boynunu büktü.

– Annem bunu dün aldı bana. Fakat geldiğinden beri bir şey yemedi. Belki solucan hoşuna gider, diye düşünmüştüm. Ama ...

Koca Sinan, Cemil'in başını okşadı. Sonra kafese baktı, bir köşede duran kuşu inceledi.

Cemil kısık bir sesle konuştu.

– Mutsuz...

– Neden?

İhtiyar, erik ağacının dibindeki çimenlere oturdu.

Avuç içlerini otların üzerinde gezdirirken

– Mutlu ve çok sayıda kuşların olmasını ister miydin?

Cemil de yere oturdu.

– İsterim tabi ki, dedi.

– O hâlde gel benimle.

Kalktılar. Koca Sinan'ın evine doğru yürüdüler. Bahçeye döndüklerinde yanlarında çekiç, çivi, testere ve tahta parçaları vardı. Onları yere koydular. Bir daha çıktılar bahçeden. Bu defa karşılıklı olarak iki ucundan tuttukları bir direk vardı ellerinde. Doğruca duvarın dibine götürüp bıraktılar onu.

Koca Sinan, alnını ve boynunu cebinden çıkardığı mendille silerken,

– Hadi bakalım, dedi. Kazmanı getir de kaz şurayı.

Cemil koştu, eriğin dibindeki kazmayı getirdi. İhtiyarın gösterdiği yeri kazmaya başladı.

Bu sırada çevreyi incelemekte olan ihtiyar,

— Bahçen çok sıradan, dedi. Buralara bir şeyler eklemek lazım. Ne dersin?

Cemil, kazdığı yerin toprağını eliyle çıkarıp kenara koyarken,

— Nasıl yani, diye sordu.

Koca Sinan, hemen ilerideki salıncağı göstererek,

— Şuraya seninle bir şeyler inşa edelim. Şöyle kocaman, güzel ve ilginç şeyler... Ha bu arada, tek salıncak göze hoş gelmiyor. Bu yalnızlığa sebep olur. Yanına bir tane daha yapılmalı. Ama önce annenle görüşüp onun fikrini almamız gerekiyor.

Cemil heyecanlandı. Ayağa kalkıp ihtiyarın yanına geldi.

— O kolay, dedi. Annem de buna çok sevinecektir. Babamın şehit olduğu günden beri çok yalnızlık çektiğimi düşünüyor. Dediğiniz şeyleri yaparsak çocuklar bahçemizden çıkmaz artık. Bir sürü arkadaşım olur.

— Yine de sorsak iyi olur. Ama önce şu direği dikelim buraya. Sen kazmaya devam et. Ben de gidip şu tahtalarla uğraşayım. Kuşların çok hoşuna gideceği bir ev yapmalıyız.

Koca Sinan, erik ağacına doğru ağır ağır yürürken kendi kendine mırıldanıyordu.

– Çocuklar, ağaçlar ve kuşlarla hayat güzel.

İşe koyuldular. Bir saat kadar sonra çok güzel bir kuş yuvası yapılmıştı. Koca Sinan, Cemil'in yardımıyla yuvayı direğin tepesine sabitledi. Sonra ikisi birden direği doğrultup dibini iyice sıkıştırdılar.

İhtiyar alnında biriken terleri silerken,

— İyi oldu, dedi. Şimdi bahçende daha çok kuşun olacak. Hem de özgür ve mutlu kuşlar...

Cemil çok sevinçliydi. Ellerini beline koydu.

— Bu harika oldu Sinan dede, dedi.

İhtiyar gülümseyerek ona bakıp,

— Daha işimiz yeni başlıyor Cemil. Sana kocaman bir saray yapacağız. Sultanlara layık bir saray olacak bu. Haydi gidip malzeme listesi çıkaralım. Sonra işe başlarız.

Cemil sevincinden yerinde duramıyordu. Heyecanla ihtiyarın peşine takıldı. O gün akşama kadar uğraştılar. Yorulmuşlardı, ama çok güzel bir iş başarmışlardı.

* * *

SÜRPRİZ

Cemil ertesi gün çok mutluydu. Öğleye doğru çeşmeye su doldurmaya gitti. Elindeki testiyi suyla doldurdu. Eve dönerken yolda bir arkadaşını gördü. Gülümseyerek:

– Mehmet nereye gidiyorsun, diye sordu.

Mehmet kararsız bir yüz ifadesiyle,

– Hiiç, dedi. Dolaşıyorum işte.

– Bize gel o hâlde. Sana çok beğeneceğin bir şey göstereceğim.

Mehmet meraklandı:

– Ne göstereceksin?

– Sürpriz olsun. Haydi gel. Ama şu kadarını söyleyeyim, çok eğleneceksin.

Cemil, arkadaşı Mehmet'le birlikte bahçeye girdiler. Henüz çiçek açmış erik ağacın yanında durup sabah güneşi altında serin havayı derin derin ciğerlerine çektiler. Sonra taş duvarın köşesindeki direğe doğru ilerlediler. Cemil "Bismillah" diyerek direğin dibindeki beton yalağa testideki suyu boşalttı. Sonra yanındaki keseden bir avuç mısır, buğday ve ekmek kırıntısı çıkardı, yalağın kenarına serpiştirdi. Ellerini çırpıp temizledikten sonra Mehmet'e döndü

– Haydi, dedi. Salıncaklara binelim. Şimdi kuşlarım gelir.

Koşarak bahçenin diğer köşesinde kurulu salıncağa gittiler. Orada içine ancak bir çocuğun girebileceği boyalı, duvarları işlemeli, küçük bir saray vardı. Onun da yanında yine küçücük bir cami maketi duruyordu. Her ikisi de göz alıcı bir güzelliğe sahipti.

Mehmet dört minareli, kubbeli camiyi hayranlıkla incelerken,

– Bunlar çok güzel şeyler, dedi. Annen mi yaptı bu sarayla camiyi?

Cemil, sanki ilk defa fark ediyormuş gibi uzun uzun baktı Mehmet'in işaret ettiği evle camiye. Sonra yan taraftaki evin penceresine çevirdi bakışlarını.

Gülümseyen bir yüzle,

– Yok, dedi. Biz yaptık.

Mehmet şaşırdı.

— Siz mi?

— Evet biz... Koca Sinan'la ikimiz yani.

— Koca Sinan? Yani şu meşhur Mimar Sinan'dan mı söz ediyorsun?

— Evet.

Bu sırada kanat sesleri duyuldu.

Cemil heyecanla,

— Geldiler, diye bağırdı.

Üç güvercin direğin tepesine kurulmuş olan ev şeklindeki yuvanın üzerine kondu.

Gagalarını tüylerinin arasına daldırıp vücutlarını temizlemeye koyuldular. Az sonra içlerinden biri aşağıya süzüldü, yalağın kenarına kondu. Yerdeki yiyecekleri yemeye başladı. Diğerleri de yanına geldi.

Cemil ve Mehmet, hayranlıkla onların her hareketini izliyordu. Kuşlar yalaktan su içtiler. İkisi direğin başındaki yuvaya dönerken geride kalan güvercin suya girip vücudunu ıslattı. Sonra silkinip kurulandı.

Cemil yuvayı göstererek,

— Bu yuvayı da Koca Sinan yaptı, dedi.

Sonra gözlerini Mimar Sinan'ın evine çevirip,

— Eskiden bir kuşum vardı, dedi. Kafeste tutuyordum onu. Bir gün bahçeye çıkarmıştım. Koca Sinan yanıma geldi. Uzun uzun baktı kuşa ve "Mutlu değil." dedi. Onu özgür bırakıp bu kuş evini yaptı. Şimdi bir değil, onlarca kuşum var. Üstelik hepsi de mutlu... Ben de mutluyum, artık arkadaşlarım var.

İki arkadaş salıncaklarda salınmaya başladılar.

Cemil:

— Haa, dedi. Sonbaharda bahçemize çeşit çeşit ağaç da dikecekmiş. Sadece güvercinler değil, serçeler, bülbüller de gelir artık. O zaman cennet gibi olur burası.

Arkadaşı imrenerek baktı Cemile,

— Bütün bunları niçin yaptı peki? Yoksa akraban filan mı?

— Yo, dedi Cemil. Akrabam değil. Ama beni çok sever. O iyi bir insan... Bütün bunların karşılığında benden tek bir şey istedi.

— Nedir o?

Cemil bir süre cevap vermedi.

Sonra küçük camisine bakarak konuştu.

– Namaza başlarsam çok sevineceğini söyledi. İnsanlar yedi yaşında namaza başlamalıymış. Oysa ben dokuz yaşındayım. Geç bile kalmışım yani...

Arkadaşı merakla sordu.

– Peki sen ne dedin? Namaz kılmaya başlayacak mısın?

Cemil gülümseyerek,

– Düşünüyorum, dedi. İnşallah yakında başlarım.

İki arkadaş salıncakta salınarak kuşları izlemeye devam ettiler. Bir süre sonra yoldan geçen diğer çocukları da çağırdılar. Bahçe şimdi çocukların sesiyle cıvıl cıvıldı.

* * *

SU KITLIĞI

Koca Sinan, Süleymaniye Camii'nde sabah namazını kılmış, evine dönmüştü. Lüle adı verilen musluksuz çeşmeye avucunu dayayıp biraz su içti. Çoğu zaman yaptığı gibi yine pencere kenarına kuruldu. Gönlü huzur veren bir şırıltıyla akan suyu seyre koyuldu. Kafasında yıllar öncesinin bir hatırası canlanıverdi. Bundan yıllarca önceydi. Kendisi gençti o zamanlar. Devir, Kanuni devri...

Osmanlı Hükümdarı Kanuni Sultan Süleyman kendisini huzuruna çağırdı.

— Mimarbaşı, şehrin suyu gittikçe azalmaktadır. Çeşmelerimiz dolu dolu akmıyor artık. İnsanlarımız su sıkıntısı çekiyor.

Mimar Sinan, Sultan Süleyman'ın simasına saygıyla baktıktan sonra,

— Ne yapmamı emredersiniz, diye sordu.

— Buna bir çare yok mudur?

Koca Sinan boynunu büktü.

— Bir şey söylemem için şehri baştan başa dolaşmam gerekir Sultan'ım. İstanbul'un nerelerinde su var, onların yerini tespit etmeliyim. Ondan sonra size bir cevap verebilirim.

Sultan ayağa kalktı. Elini Sinan'ın omzuna koyarak,

— Öyle olsun, dedi. Git, İstanbul'un her yanını gör. Dereleri, gölleri incele. Bir karar ver. Cevabını bekliyorum. İnşallah güzel bir haberle gelirsin. Yoksa halkımızın hâli gittikçe kötüleşecek. Yakın bir zamanda değil abdest almaya, içmeye bile su bulamayacaklar yoksa.

— Siz hiç merak etmeyin Sultanım. Allah'ın izniyle bu sıkıntının da üstesinden geleceğiz.

Sinan saraydan çıktı. İstanbul sokaklarında dolaşmaya başladı. Belirlediği insanlarla oturup uzun uzun sohbet etti. Onlara nerelerde dereler, nerelerde göller olduğunu sordu. Aldığı cevapları bir bir not etti. Şehrin dışına çıkıp etrafı inceden inceye gözledi. Yüksek yerlerden arazilerin planlarını çıkardı.

Günler sonra elinde koca koca kâğıtlarla saraya döndü. Sultanın huzuruna girdi.

Yarı ümitli yarı ümitsiz bir eda ile,

— Sultanım, dedi. İstanbul'u suya kavuşturmanın çaresi var.

Sultan sevinmişti, heyecanla,

— Nasıl olacak bu, diye sordu.

— Biraz zor olacak.

— Neden?

— Eğer şehre su getirmek istiyorsanız, keseler dolusu altın harcamanız gerekiyor efendim.

Sultan ince bir zeka ürünü olan bu cevap karşısında şaşırmıştı. Sarayın penceresinden şehre bakarak bir süre düşündü.

Gözlerini Sinan'a çevirdiğinde yüzü gülüyordu.

— Sen yeter ki şehre suyu getir Mimarbaşı. Ben altın keseleri vermeye razıyım.

Sinan gülümsedi. İşin en çetin kısmı tamamdı artık. Yanında getirdiği planları, projeleri açtı. Sultana ne yapılması gerektiğini bir bir anlattı.

Sonra da,

— İşe hemen başlayalım, dedi.

Sultan başını salladı. Karşısındaki büyük ustaya güven dolu bakışlarını dikti.

— Allah yar ve yardımcın olsun Koca Sinan, dedi. Göreyim seni, bu zor işin üstesinden gel ve bizleri suya kavuştur bakalım!

Koca Sinan getirdiği kâğıtları koltuğunun altına aldı. Saraydan ayrıldı.

Yüzlerce işçiyle hemen işe başladı. İmkânsız gözüken yerlerden suları aşırmayı başardı. İstanbul çevresindeki suları Belgrat Ormanlarında birleştirdi ve kanallarla şehrin orta meydanına taşıdı. Mahalle çeşmelerine dağıttı.

Sonra Sultan'ın huzuruna çıkıp,

— İstediğiniz gibi, suyu kapınıza kadar getirdim efendim, dedi.

Sultan çok sevinmişti.

Hayranlık dolu bir sesle,

— İşte mimar dediğin böyle olur, dedi. Tarih senin gibisini az görür Sinan! Bu yaptıkların karşılıksız kalmayacak.

Şehirde âdeta bayram havası esti. İnsanların suya kavuşma coşkusu günlerce sürdü.

Sultan Süleyman her yere tellâllar çıkardı ve halka şu duyuruyu yaptı.

— Padişah emridir; hiç kimse mahalle çeşmelerinden evine yer altı kanallarıyla su taşımayacak! Herkes ihtiyaç duyduğu suyu gelip çeşmelerden alacak. Ancak Mimar Sinan hariç... Sultanımız şehrimizi suya kavuşturduğu için ona özel bir ihsanda bulunmuştur. Mimar Sinan'ın evine yeraltından götürülen yolla bir lüle su akıtılacaktır. Bu böyle biline!

Koca Sinan, pencere kenarında dalıp gittiği bu hayalden yine suyun tatlı şırıltılarıyla sıyrıldı. "Hey gidi günler! Ruhun şad olsun Sultanım." diyerek kalktı. Bir şeyler yemek için mutfağın yolunu tuttu.

* * *

İHBAR

İki muhafız acele adımlarla yürüyorlardı. İçlerinden biri yol kenarındaki bahçede gördükleri çocuğa seslendi.

— Hey çocuk, buraya gelir misin?

Cemil, elindeki testiyle bahçe kapısından kendisine seslenen iki muhafıza doğru koştu.

Meraklı bakışlarını karşısındaki muhafızların yüzüne dikerek,

— Buyurun efendim, dedi.

— Buralarda Koca Sinan'ın evi varmış. Nerede, biliyor musun?

Cemil bir an tereddüt etti.

Parmağıyla işaret ederek,

— İşte şurası. Neden soruyorsunuz?

Muhafızlar cevap vermediler. Gösterilen eve gidip kapıyı tıklattılar. Cemil şaşkın şaşkın onları izliyordu.

Koca Sinan, kapının vurulmasıyla elindeki lokmayı ağzına götürmekten vazgeçti. Oturduğu yerden yavaşça kalkıp kapıyı açtı. Karşısında iki muhafız görünce,

— Hayrola oğullar, diye sordu.

— Efendim, dedi biri. Hakkınızda ihbar var. Kaçak su kullanıyormuşsunuz.

Koca Sinan bir an kulaklarına inanamadı.

Gözlerini açarak,

— Kaçak su mu, dedi hayretle.

— Evet, doğru duydunuz efendim. Kaçak su... Evinizde sürekli akan bir lüle varmış. Bu yüzden bizimle saraya kadar gelmeniz gerekiyor. Duruşma için bir heyet sizi bekliyor.

Koca Sinan donup kaldı âdeta.

Kendini toparlayınca,

— Allah sonunu hayretsin, diyerek muhafızlar eşliğinde yola koyuldu.

— Sinan dede!

Koca Sinan sesi tanımıştı. Geriye döndü, bahçe kapısına yaslanarak kendisine bakmakta olan Cemil'i gördü. Gülümsedi ve küçük çocuğun elindeki testiyi işaret ederek,

— Kuşları susuz bırakma evlât, dedi.

Tekrar yürümeye başladılar. Saraya geldiler. Doğruca kendilerini beklemekte olan heyetin huzuruna çıktılar.

Heyet baş başa vermiş şehri sıkıntıya sokan kaçak su kullanımını nasıl önleyebileceklerini konuşuyordu.

Koca Sinan'a dönüp,

– Hoş geldiniz, dediler.

Yaşlı Mimar tebessüm etti.

– Hoş bulduk.

En genç olan adam,

– Sinan Ağa dedi. Sultan Murat Hanın emri var. Kaçak su kullanarak şehrin suyunun azalmasına sebep olanlar cezalandırılacaklar. Evinizde kaçak olan bir lüle bulundurduğunuzu söylediler. Bu doğru mu?

Koca Mimar'ın yüzündeki tebessüm hüzne dönüştü. Orada bulunanları anlamlı bakışlarıyla tek tek süzdü. Derin bir nefes aldıktan sonra âdeta ciğerinden konuşuyormuşçasına,

– Evet, dedi. Evimde bir lüle olduğu doğru. Fakat...

Sözünü tamamlayamadı. İhtiyar gönlü kırılıvermişti o an. Az önce konuşan genç bu büyük ustaya saygıyı elden bırakmadan ayağa kalktı.

Başını hafifçe eğdi ve merakla Sinan'ın son kelimesini tekrar etti.

— Fakat?

— Fakat kaçak olduğu doğru değil.

— Ne demek oluyor bu, açıklar mısın Sinan Ağa?

Koca Sinan gözlerini ayaklarının ucuna dikti. Epey bir zaman sessiz kaldı. Bütün bir geçmişi hafızasında yeniden canlanmıştı.

Sonra başını kaldırdı ve sıkılgan bir tavırla,

— Vaktiyle şehre getirdiğim su hizmetinin hatırı için Cihan Padişahı bana bir lüle su ihsan etmişti. Şimdi bunu ispatlamam imkânsız. Çünkü Sultanımız yıllar önce vefat etti. Hatta onun oğlu Selim Han bile şimdi yaşamıyor.

Heyettekiler birbirlerine baktılar. Bu hâlleriyle "Şimdi ne yapacağız?" der gibiydiler.

En yaşlı olan sakin bir eda ile,

— Sinan Ağa mutlaka doğru söylüyordur, dedi.

Çünkü şehri suya kavuşturan odur. Büyük bir hizmettir bu. Rahmetli Sultanımız hizmetinden dolayı ona bu ayrıcalığı tanımış olabilir.

Hemen yanında oturan itiraz etti:

— Padişahın izin verdiğine dair ferman nerede öyleyse? Onu görelim.

Gözler Koca Sinan'a çevrildi. Yaşlı Mimar çok sıkılmıştı.

Boynunu bükerek,

— Padişahın sözü fermandır, diye ondan yazılı bir belge istemeyi kendime yakıştıramamıştım, diye cevap verdi.

Aynı adam,

— Sinan Ağa, dedi. Memlekete çok hizmetiniz olduğunu hepimiz biliyoruz. Fakat bu ülkeye hizmet eden yalnız siz değilsiniz ki... Hayırlı iş yapan her insana buna benzer ayrıcalık tanınsa memleketin hâli ne olurdu?

Koca Sinan gülümsedi.

— Benim zaten ayrıcalık gibi bir isteğim olmadı hiçbir zaman. Ne yaptımsa dinim, vatanım ve milletim için yaptım. Birilerinden asla karşılık beklemedim. Diğer insanlar nasıl yaşıyorsa ben de öyle yaşarım. Sizden isteğim, o suyun kaçak olmadığını kabul etmenizdir. Ben kanuna ve ahlâka aykırı iş yapmadım. Allah şahittir ki evimdeki lüle Sultanımızın ihsanıdır.

Koca Sinan'ın üzüldüğünü gören heyet başkanı ayağa kalkarak,

— Seni anlıyoruz Sinan Ağa, dedi. Şu ana kadar kullanmış olduğun sudan dolayı kimse sana bir şey demeyecek. Yalnız, bundan sonra o suyu kesmek zorundayız. Sultan fermanı olsa bile...

Koca Sinan rahatlamıştı. Huzurlu bir şekilde evine döndü. Cemil kapıda kendisini bekliyordu.

Merakla,

– Sinan dede, dedi. Ne oldu? Askerler neden gelmiş?

Koca Sinan, Cemil'in saçlarını okşadı.

– Adaleti yerine getirmek için, dedi.

Çok geçmeden görevliler geldi. Evdeki suyu kestiler. Beş altı padişah görmüş yaşlı mimar gülümsüyordu. Görevlileri dualarla uğurladıktan sonra eline bir su kabı alıp dışarıya çıktı. Bahçe kapısındaki Cemil'i fark etti.

Onu yanına çağırdı.

– Bundan sonra ben de herkes gibi suyumu meydan çeşmesinden alacağım, dedi. Şimdi camiye gidiyorum. Öğle namazını kılacağım. Sonra da çeşmeden su alacağım. Benimle gelir misin?

Cemil duraksadı. Başını çevirip evlerine baktı.

– Tabi ki gelirim, dedi. Ama önce anneme haber vereyim. Hem bir su kabı da ben alayım.

* * *

HASTALIK

Koca Sinan bedeninde bir yorgunluk hissetmeye başlamıştı. Bir asrı devirmek üzere olan yaşlı mimar artık yürümekte zorlanıyordu.

Onun bu hâlini fark eden Cemil bir gün dayanamayıp,

– Sinan dede, dedi. Bundan sonra senin suyunu ben getireceğim.

Koca Sinan şefkatle okşadı küçük arkadaşının başını.

Gözlerindeki ısrarı görünce,

– Tamam. Dediğin gibi olsun Cemil.

Birkaç gün sonra Sinan hastalandı, yatağa düştü. Cemil bu duruma çok üzüldü. Her gün birkaç kez gelip ziyaret etti kendisini.

Mimar Sinan'ın hastalığı gün geçtikçe ağırlaştı. Artık nefes almakta bile zorlanıyordu yılların ustası. Başucunda oturan yakınları onun için Kur'ân okuyorlardı. Herkesin yüzünde derin bir hüzün vardı.

– Su... Bana birazcık su verin!

Biri çeşmeye koştu. Fakat su akmıyordu. Telâşla,

– Buradaki suya ne oldu, diye sordu.

Koca Sinan fısıltı hâlinde.

– Kestiler, diye inledi.

– Bunu nasıl yaparlar? O suyu sana Sultan ihsan etmişti. Neden kestiler ki?

Sinan güçlükle soluk alıyordu.

Dudaklarını diliyle ıslatarak,

– İyi de ettiler, dedi. Zaten yıllardır içime sinmiyordu bu durum. Onca insan suyunu sokaktan alırken ben ayrıcalıklı tutuluyordum. Yarın Yüce Allah, huzuruna vardığımda "Hizmetinin karşılığını dünyada zaten almıştın!" der diye korkuyordum. Rabbime şükürler olsun ki şimdi gönlüm bu konuda rahat...

Orada bulunanlar şaşırmışlardı. Bu sırada kapı vuruldu. Biri koşup kapıyı açtı.

Gelen Cemil'di. Elindeki testiyi kucağında sıkı sıkıya tutuyordu.

Kendisini karşılayana bakarak,

– Sinan dedeme su getirdim, dedi.

Onu içeriye aldılar.

Cemil ağlamaklı bakışlarını Koca Sinan'ın yüzünde gezdirirken,

– Nasılsın Sinan dede, diye sordu.

Koca Sinan, yanındakilere işaret ederek kendisini doğrultmalarını istedi.

Cemil elindeki testiyi usulca yere bırakırken,

– Sana senin çeşmenden su getirdim.

Koca Sinan gülümsedi.

– Hızır gibi yetiştin Cemil. Yüreğimdeki yangını da ancak bir testi su söndürebilirdi zaten.

Hemen testiden bir bardak su verdiler. Yudum yudum içti Koca Sinan.

Sonra Cemil'e,

– Babanın ruhuna değsin evlât, dedi.

Güçlükle kaldırdığı elini Cemil'in omzuna koydu. Bir süre düşünceli düşünceli baktı.

– Yakında babanın yanına gideceğim Cemil. Dilerim Yüce Mevlâ, cennetine koyar beni. Ve inşallah baban da oradadır. Eğer karşılaşırsak baban bana seni soracaktır. Ona "Müjdeler olsun, geride hayırlı bir evlât bırakmışsın!" dememi ister misin?

Cemil, başını salladı.

Koca Sinan konuşmasını sürdürdü.

– Ben arkamda yüzlerce eser bırakıyorum. İnsanlar yaptığım camilerde namaz kılacaklar, hamamlarda temizlenecekler. Akarsular üzerine kurduğum köprülerden geçecekler. Okullarda hakikatleri araştıracaklar. Kısacası insanlar o eserlerden faydalanacaklar. Peygamber Efendimiz "Bir şeye sebep olan, yapan gibidir." demiş. İnşallah, insanlar o eserlerden faydalandığı sürece ben de sevap kazanmaya devam edeceğim.

Cemil merakla Koca Sinan'ın ne demeye çalıştığını kestirmeye çalışıyordu.

Koca Sinan derin bir nefes daha aldı ve sözlerine devam etti.

– Ama insanın en büyük eseri yaşadığı hayatıdır Cemil. Allah bize bir ömür vermiştir. Biz bu ömrü güzelliklerle süslemeliyiz. Bu da insanlara iyilik yapmakla ve Rabbimizin isteklerini yerine getirmekle olur. Öyle bir hayat yaşamalıyız ki Allah "Kulum bana ne getirdin?" diye sorduğunda yüzümüz kızarmasın. "Her anını iyiliklerle süslediğim ömrümü getirdim Allah'ım." diyebilmeliyiz.

Koca Sinan başucundaki sudan bir yudum daha aldı.

Bardağı yerine koyarken sözlerini sürdürdü.

— İnsan ölünce dünyayla alâkası kesilir. Amel defteri kapanır. Fakat üç şey vardır ki bunların sevabı insanın arkasından gelmeye devam eder. Hayırlı bir evlât, kendisinden faydalanılan ilim ve hayırlı eserler...

Koca Sinan biraz soluklandıktan sonra,

— Babanın defterine sevap yazılamaya devam etmesini istemez misin, diye sordu.

Cemil şaşırmıştı.

Gözlerini heyecanla açarak,

— Tabi ki isterim, dedi.

— O hâlde hayırlı bir evlât olmaya bak. Asla namazını geçirme. Bu sayede hem kendi amel defterin hem de böyle hayırlı bir evlâdın duasını alan babanın defteri sevaplarla dolar. Ne dersin Cemil? Baban seni bana sorduğunda "Oğlun dokuz yaşında ve beş vakit namazını kılıyor." diyeyim mi?

Cemil çok duygulanmıştı.

Konuşmaktan hâlsiz düşen Koca Sinan'ın elini tutarak,

— Ne diyeyim Sinan dede, dedi. Haklısın. Sana söz veriyorum hayırlı bir evlât olacağım. Şu andan itibaren namazlarımı kılacağım. Her namazdan sonra da size ve babama dua edeceğim. Ben ölünceye kadar babamın defteri kapanmayacak.

Koca Sinan nefes almakta zorlanmaya başladı. Durumu fark eden arkadaşları, Cemil'i dışarıya çıkarmak için davrandılar. Yaşlı Mimar son bir gayretle Cemil'e seslendi.

— Seni çok seviyorum Cemil!

Cemil dışarıya çıkarken dönüp dönüp Koca Sinan'a bakıyordu.

Kapıya geldiğinde gözleri dolu dolu,

— Ben de seni Sinan dede, dedi. Ben de seni çok seviyorum. Merak etme, su bitince yeniden getireceğim.

Cemil bahçeye döndü. Salıncağına oturdu. Ama bu kez sallanmadı. Yaşla dolu gözlerini Koca Sinan'ın penceresine dikmiş, öylece baktı. Kanat seslerini duyunca başını çevirdi.

Güvercinler gelmişti. Direğin tepesindeki yuvaya kondular. Biri aşağıya süzülüp yalaktan su içti. Sonra Cemil'e baktı uzun uzun. Ardından havalanıp küçük caminin kubbesine kondu. Cemil hazin gözlerle izliyordu onu. Bir süre sonra güvercin tekrar havalandı. Yuvanın üzerindeki arkadaşlarının yanına geldi. Hiçbirinden ses çıkmıyordu şimdi. Bahçenin her yerinde derin bir sessizlik vardı. Güvercinler bir anda hep birlikte havalandı. Cemil kanat sesleri arasında gözyaşlarını salıverdi.

Bu sırada Koca Sinan kelime-i şehadet getiriyordu. Birkaç dakika sonra da, asırlara meydan okuyan eserlerin mimarı, bir asrı tamamlayamadan dünyaya gözlerini yumdu. Elindeki nemli bezle Koca Sinan'ın dudaklarını ıslatan adam ağlayarak "Allah'tan geldik, yine ona döndürüleceğiz." anlamına gelen âyeti okudu.

Sonra da Koca Sinan'ın gülümseyen, nurlu yüzüne bakarak mırıldandı.

– Mekânın cennet olsun büyük insan. Yaptıkların karşılığında bir yudum su bile istemedin. Şimdi Allah, Kevser'le susuzluğunu giderecektir. Ne mutlu sana!

* * *

ADIN YILDIRIM OLSUN

HARMAN YERİ

Toros dağlarının başından eksik olmayan bulutlar, o sabah ortalıkta gözükmüyordu. Böyle durumlar genellikle bunaltıcı sıcağın habercisi olurdu. Karaman, yazın sıcak günlerinden birini karşılamaya hazırlanıyordu.

Her yer göz alabildiğine buğday ve arpa tarlalarıyla kaplıydı. Derenin kenarında büyük bir ceviz ağacı hemen göze çarpıyordu. Çünkü etrafta ondan başka bir ağaç yoktu. Ağacın tam tepesine bir kara karga konmuştu. Ara sıra "Gaaak!" diye bağırıyor, sonra tarladaki insanları seyre devam ediyordu.

Biraz ilerideki tarlada yan yana dizili buğday çuvalları vardı. Bir kız çocuğu çuvalın üzerine oturmuş, sırtını da buğday dolu çuvala yaslamıştı. Elindeki millerle minicik bir kazak örüyordu. Kucağında da küçük, tahta bir oyuncak bebek vardı.

– Gaaak!

Küçük kız başını kaldırdı. Bir süre ceviz ağacının tepesindeki kargaya baktı. Bu sırada örmeye devam ediyordu. Karga küçük kızın kendisine baktığını fark etmişti. Bu kez ötüş aralığını biraz uzattı.

– Zeynep, bana su verir misin?

Küçük kız sesi duyar duymaz elindeki milleri yere bıraktı. Kucağındaki oyuncak bebeği yaslandığı çuvalın üzerine koydu. Yanı başında duran toprak testiyi ve tası kaptığı gibi ayağa kalktı.

Harman yeri olarak kullanılan düzlükte saman dolduran delikanlıya doğru yürürken,

– Geliyorum Osman ağabey, diye seslendi.

Sesi, vücudu gibi incecikti küçük kızın. Ta ayak topuğuna kadar varan eteğini savura savura yürürken bir ayağı hafifçe aksıyordu. Ağabeyinin yanına gelince durdu. Çömelip bir dizini yere koydu. Testiden tasa su koymaya başladı. Boynu sıcaktan iyice esmerleşmiş olan genç, gülümseyerek izliyordu onu.

Tasın tam ağzına kadar dolduğunu fark edince,

– Su taşacak neredeyse, dedi.

Küçük kız, mahçup bir şekilde gülümsedi.

Tası elini titretmemeye özen göstererek uzatırken,

– Yoo, dedi sadece.

Delikanlı yere çömeldi. Tası alıp dudaklarına götürürken "Bismillah" diye fısıldadı. Serin su, boğazından aşağıya yudum yudum inerken o, bakır tasın dibini seyrediyordu.

– Gaaak!

Küçük kız yerden bir taş alıp ceviz ağacına doğru yürüdü. Göz ucuyla onu izleyen delikanlı su içmeyi bıraktı. Merakla arkasından seslendi?

— Hayrola Zeynep?

Zeynep durdu. Kargayı işaret ederek,

— Yarım saattir bağırıp duruyor, dedi. Kafam şişti. Kovalayacağım onu. Gitsin başka yerde ötsün!

Delikanlı elinin tersiyle ağzını sildi. Tası testinin ağzına koydu.

Ayağa kalkarken,

— Sakın ha, dedi. Elleme kargayı!

— Ama...

— Biliyorum, sesi çok çirkin. Fakat çoğu çirkin şeylerin bile bir anlamı vardır.

Zeynep anlamaz gözlerle baktı ağabeyine. Merak dolu bakışlarla geri geldi. Delikanlı nasırlaşmış, iyice sertleşmiş avuçlarını kardeşinin iki yanağına koydu. Şefkatle bakan gözlerini de onun iri, kara gözlerine dikti.

— Her canlı Allah'ı hatırlamamız için yaratılmıştır Zeynep, dedi.

Zeynep şaşkınlıkla,

— Karga bile mi, diye sordu.

— Karga bile... Yüce Rabbimiz, Kur'ân'da "Her canlı Allah'ı anar." demektedir. Ben de senin gibi yarım saattir o karganın sesini duyuyorum. Ver her "Gak!" deyişinde onun kendi diliyle "Hakk" demeye çalıştığını hayal ediyorum. O karga "Gak!" dedikçe ben de içimden "Hakk!" diyorum. Hakk, yani Rabbimizin isimlerinden biri... Senin anlayacağın kardeşim, her canlı kendi lisanıyla Allah'ı anmaktadır. Biz yeter ki onların bu yönlerini görmeye çalışalım.

Bu sözler Zeynep'in çok hoşuna gitmişti. Elindeki taş gevşeyen parmaklarının arasından yere düştü.

Delikanlı, işinin başına dönüp samanları çuvallara doldururken konuşmaya devam etti.

— Büyük bir insan, kendisini sevenlerle beraber yürürken önlerine bir köpek ölüsü çıkmış. Bazıları "Ay ne iğrenç!" deyip yüzünü ekşitmiş. Fakat o büyük insan köpeğin dişlerini göstererek şöyle demiş. "Güzel gören, güzel düşünür. Şu dişlere bir bakın hele! Nasıl da güzeller. Rabbimizin eşsiz sanatlarından biri de budur işte!"

— Gaaak!

Zeynep kargaya çevirdi bakışlarını. Az önce "Gaaak!" diye bağıran siyah, sevimsiz karga gitmiş, yerine "Hakk!" diyen sevimli bir karga gelmişti sanki.

Testiyi ve tası aldı. Doğruca çuvalların yanına geldi. Tahta bebeği aldı. Yerine oturdu. Dirseğini testinin ağzına yasladı ve tahta bebeğine sevgiyle baktı.

– Sana bir isim de koymamız gerek, dedi. Ama bu ismin ne olacağına karar veremedim. Önce bu çıplaklığından kurtulmalısın. Sabret biraz daha. Yakında çok güzel bir elbisen olacak. O zaman sana bir isim de buluruz elbet.

* * *

HERKES KALEYE SIĞINSIN

Zeynep bebeği kucağına koydu. Çuvalın üzerindeki milleri aldı. Tam işlemeye koyulmuştu ki bir gürültü koptu. Zeynep ceviz ağacındaki karganın havalandığını gördü. Fakat gürültüyü çıkaran o değildi. Korkuyla karışık bir heyecan içinde ayağa fırladı. Kucağındaki tahta bebek yere düştü. Biraz ileride, kendilerine doğru gelen beş atlı asker vardı. Adamlar, hem atlarını sürüyor hem de tarlalarda çalışanlara sesleniyorlardı.

— Çabuk kaleye dönün! Osmanlı orduları geliyor! Bırakın buğdayı samanı!

Koşun, kaleye sığının, canınızı kurtarın! Çabuk olun, çabuk!

Askerler bağıra bağıra oradan geçip gittiler. Onları duyan kim var kim yok telâşla koşuşturmaya başladı. Gittikçe uzaklaşan askerlerin sesleri hâlâ duyulmaktaydı.

– Kale kapıları kapanacak! O vakte kadar içeri girdiniz girdiniz, yoksa dışarıda kalırsınız. Çabuk olun, Osmanlılar geliyor! Yıldırm Bayezit Han ve askerleri Karaman'ı fethetmek için geliyorlar!

– Yürü Zeynep!

Zeynep yerdeki tahta bebeği almak için eğildi. Fakat Osman, kardeşinin koluna yapıştı.

– Bırak şimdi bebeği Zeynep!

Koşarcasına yola çıktılar. Hemen her tarlada birkaç insan vardı. Hepsi Karaman yoluna çıkmak için koşuyorlardı. Zeynep ve Osman da onların arasına katıldı.

Zeynep, aksayan ayağını eliyle desteklemeye çabalıyordu. Zorlandığı belliydi.

Sonunda dayanamadı,

– Ağabey, dedi. Çok hızlı gidiyoruz. Bu aksak hâlimle ben koşamıyorum!

Osman durdu. Kardeşinin zayıf vücudunu üzgün gözlerle baştan ayağa süzerek,

– Gel bakalım, dedi.

Osman yere çömelmişti. Zeynep abisinin sırtına bindi. Güçlü olduğu vücudunun heybetinden belli olan Osman bir hamlede kalktı. Yeniden koşmaya başladı.

Kale kapıları göründüğünde insanlar soluk soluğa kalmışlardı. Kapıdaki muhafızlar telâşla gelenleri karşılıyorlardı. Bir yandan da seslerinin yettiğince bağırıyorlardı.

— Koşuuun! Daha hızlı koşun! Kapılar kapanacak!

İnsanlar birbirlerini ezercesine kapıdan içeriye attılar kendilerini. Bir süre sonra çevredekileri uyarmaya giden askerler de döndü. Kapılar aceleyle kapandı.

* * *

OSMANLI ORDUSU

Yıldırım Beyazıd, Anadolu'daki beylikleri bir bayrak altında toplayıp Bizans'a karşı bir güç birliği kurmak istiyordu. Bunun için de Karaman Beyliğine sefer düzenlemişti.

Osmanlı ordusu bütün ihtişamıyla kalenin tam karşısına kadar geldi. Askerler bakışlarını burçlara dikmiş, "hücum" emrini bekliyorlardı.

Osmanlı Sultanı Yıldırım Bayezid Han kır atından indi. Vezirlerden biri hemen yanına koştu.

Saygı dolu bir sesle,

– Karaman Hükümdarı geldiğimizi duyunca Konya dışına kaçmış Sultanım, dedi. Ne yapmamızı emredersiniz? Hemen hücuma geçelim mi?

Çok hızlı hareket etmesinden dolayı lakâbı dillerde "Yıldırım" olarak kalan Bayezid Han bu defa sakindi. Bir süre etrafa göz gezdirdi. Tarlalarda yığın yığın duran mahsulleri görünce,

— Hayır, dedi. Bekleyelim biraz. Kan dökmeden alabiliriz burayı. Askerlere söyleyin, hazır beklesinler.

— Emredersiniz Sultanım.

Vezir tam ayrılmak üzereydi ki Sultan,

– Şu asker ne yapıyor orada, diye sordu.

Vezir, Sultanın işaret ettiği yöne baktı. Bir asker, harman yerinde yığılı duran arpaların bir kısmını atının heybesine doldurmakla meşguldü.

– Atını yemleyecek galiba Sultanım.

Yıldırım Han bir an düşündü. Sonra tane tane konuşmaya başladı.

– Tarlalardaki samana, arpaya, buğdaya dokunulmasın. Kimsenin tarlasına, mahsulüne zarar verilmesin! Bu emrimi herkese duyurun.

Derhâl tellâllar çıkarıldı. Sultanın emri herkese duyuruldu.

* * *

KALEDE PANİK

Şehirde insanlar panik içerisindeydi. Sokaklarda askerler halkı yatıştırmaya çalışıyordu. Fakat kimsenin onlara aldırdığı yoktu. Herkes şehrin kesin olarak kaybedileceğini düşünüyordu.

Osman kardeşine baktı. Küçük kız da korku içindeydi.

— Ağabey, şimdi ne olacak? Yıldırım Han bizi öldürecek değil mi?

Osman kardeşine göre sakindi. Kardeşinin ellerini tuttu. Şefkat dolu bir ses tonuyla,

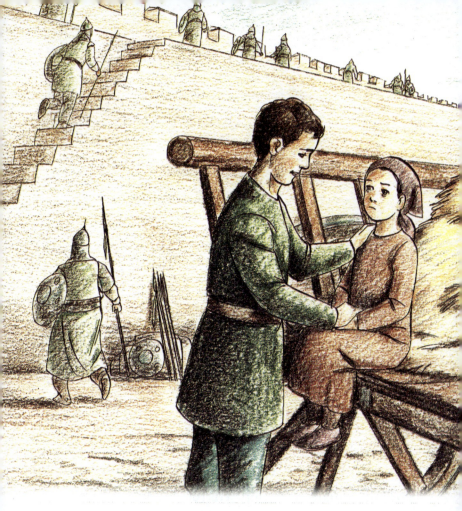

— Endişelenme Zeynep, dedi. Bunlar Osmanlı askerleri. Bizim gibi onlar da Müslüman. Kimseye zulmetmezler. Düşmanlarına bile son derece insaflı davranırlar. Bize bir zarar vermezler.

— Şehrimizi alacaklar eğil mi?

— Alacaklar galiba. Baksana bizim Sultanımız kaçmış, gitmiş.

— Ağabey, beni bırakma olur mu?

Osman gülümsemeye çalıştı. Kardeşini kendisine doğru çekti. Şefkatle omuzlarını kavradı.

— Sen benim her şeyimsin Zeynep, dedi. Annemiz ve babamız öldüğünden beri seni ne zaman bıraktım ki böyle konuşuyorsun. Tabi ki seni bırakmayacağım. Hem neden korkuyorsun ki? Karşımızdakiler Osmanlılar dedim ya. Hak ve adaletleriyle ünlü bu insanlar. Göreceksin, onların şehrimizi alışı bizim için de iyi olacak. Çünkü Osmanlı yönetimindeki topraklarda huzur hâkimdir.

Zeynep biraz rahatlamıştı. Masum yüzünü abisinin göğsüne yaslarken,

— Bebeğim tarlada kaldı, dedi. Onu geri alabilir miyiz?

Osman kardeşinin sırtını sıvazladı.

— Alacağız tabi. İnan bana, sadece bebeği değil, buğdaylarımızı, samanlarımızı da alacağız inşallah.

* * *

HABERCİ

Osmanlı ordusu şehrin teslimi konusunda Sultan kadar sabırlı görünmüyordu. Vezirler hücuma geçilmesi gerektiğini düşünüyordu. Şehir bir an evvel alınmalı ve Avrupa'daki fetihlere dönülmeliydi. Burada fazla oyalanmak yanlış olurdu.

Yıldırım Bayezid Han şehri kolayca almanın planlarını yapıyordu.

Bir vezir yanına yaklaştı.

— Sultanım, dedi. Atlarımız ve yük hayvanlarımız aç. Tarlalardaki mahsulleri alsak...

Osmanlı Sultanı cevap vermedi. Atına bindi. Etrafta bulunan tarlaları gözden geçirdi. Dönüp vezirlerle konuştu. Sonra kaleye bir haberci yolladı.

Herkes merak içindeydi. Acaba haberci kaleye niçin gönderilmişti?

Kale burçlarında bir hareketlilik yaşandı. Osman insanların hâllerindeki tuhaflığı fark etmişti. Ne olup bittiğini öğrenmek için kale kapısına doğru koştu. Az sonra geri döndüğünde yüzü gülüyordu.

Zeynep şaşkınlıkla,

– Ne oldu ağabey, dedi. Neden mutlu görünüyorsun öyle?

Osman kardeşine sarıldı.

– Ben sana dememiş miydim Zeynep? Bak dediğim oldu işte!

– Ne oldu?

– Yıldırım Han bir haberci yollamış. "Tarla sahipleri gelsin, mahsullerini alsın ve bize satsın." demiş. Hiç kimsenin ne canına ne de malına zarar verilmeyecekmiş. Halk sevinç içinde. Zaten Osmanlılara güveniyorlardı. Bu haber üzerine kale kapılarını açmaya karar verdiler. Şehri Yıldırım'a teslim edecekler.

Çok geçmeden kapılar açıldı. Osmanlı askerleri içeriye girdi. Halk sevgi gösterileriyle karşıladı Yıldırım Han ve askerlerini. Şehir, gerçek sahiplerine teslim edilmiş gibiydi. Her yerde bir bayram havası vardı.

İnsanlar yeniden tarlalarına döndüler.

Osman akşamüstü elindeki tahta bebeği ve milleri kardeşine teslim etti. Zeynep'in mutluluğuna diyecek yoktu. Bebeğini alır almaz göğsüne bastırdı.

– Adın Yıldırım olsun senin, dedi.

Osman bir kenara geçip oturdu. Dolu dolu gözlerle baktı kardeşine. Onun örgü örüşünü seyretti uzun uzun. Yıldırım Bayezid'i düşünüyordu. O toprak fethetmenin yanında gönüller fetheden bir hükümdardı. Hak ve adalet anlayışıyla Osman'ı kendisine hayran bırakmıştı.

Bir an aklından Yıldırım Hanın ordusuna katılmak geçti. Böylelikle İslâm dininin insanlara getirdiği güzellikleri Avrupa içlerine yayma fırsatı olurdu. Fakat kardeşi henüz çok küçüktü.

– Üç beş yıl daha geçsin hele, diye mırıldandı

Zeynep başını kaldırıp ağabeyinin yüzüne baktı.

– Bir şey mi söyledin ağabey.

Osman farkında olmadan sesli düşünmüştü.

Bir anda kendine geldi ve telâşla,

— Yoo, dedi. Ne diyeceğim ki? Bebeğinin ismini çok beğendim. Ona ancak Yıldırım ismi yakışırdı zaten. İyi düşündün, aferin sana!

Zeynep örgüsünü bir yana bıraktı.

Ağabeyine bakarak,

— Nasıl da unuttum, dedi. Çok acıkmışsındır. Sana yemek hazırlamıştım. Bekle, hemen getiriyorum.

Osman kardeşinin aksayarak mutfağa gidişini izlerken yine mırıldanıyordu.

— Bir gün elbet giderim Osmanlı ordusuyla Avrupa içlerine doğru. Sen bana annemin ve babamın yadigârısın Zeynep'im. Önce güzel dinimizi sana öğreteyim hele.

* * *

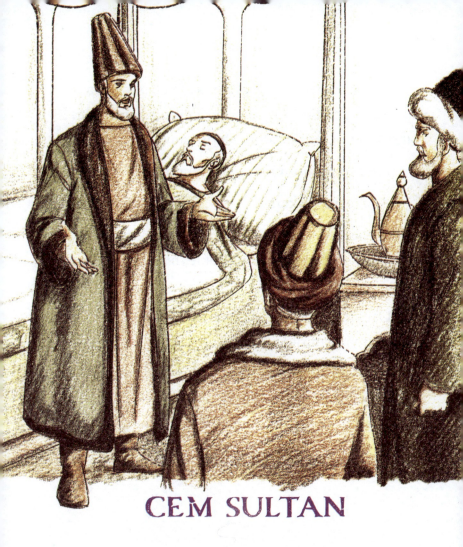

CEM SULTAN

VEFAT EDEN PADİŞAH

    Sarayda derin bir sessizlik hâkimdi. Koridorda insanlar ayaklarının ucuna basarak dolaşıyolardı.

    Geniş bir odada birkaç kişi vardı. Hepsi de ayaktaydı. Gözlerini aynı noktaya dikmişlerdi.

Önlerindeki Fatih Sultan Mehmet Han birkaç dakika önce hayata gözlerini yummuştu.

Sadrazam bir ara kendine geldi. Gözlerini odada bulunanların üzerinde gezdirdi.

Sonra fısıldarcasına,

— Sultanın öldüğünü kimse duymayacak. Şehzadelere hemen haber salalım. İkisini de İstanbul'a çağıralım. Hangisi önce gelirse tahta o geçsin.

Oradakiler bu teklifi olumlu karşıladılar. Hemen iki haberci yola çıkarıldı. Bunlardan biri Karaman'a, diğeri Edirne'ye gidecekti.

Sadrazam habercileri uğurlarken içinden "İnşallah Cem, ağabesi Bayezid'den erken gelir." diye dua ediyordu.

Çünkü, Cem kabına sığmayan biriydi. Fatihi'n başlattığı fetihleri ancak o gerçekleştirebilirdi.

Diğer Şehzade Bayezid ise Cem'e göre biraz ağırdı. Savaşlardan hoşlanmazdı. Barış yanlısı biriydi.

Oysa batıda zalim hükümdarlar vardı. Onlarla uğraşmak pek de kolay bir iş değildi.

Aradan epeyce bir zaman geçti. İstanbul sokaklarında bir haber yankılandı.

– Şehzade Bayezid şehre girdi!

Sadrazam bu habere üzüldü. İçinden "Hayırlısı böyleymiş demek ki." diyerek Osmanlı'nın yeni sultanını karşıladı. Bayezid devletin başına geçti. Bu sırada tellâllar halka duyuru yapmakla meşguldüler.

– Ey ahali! Duyduk duymadık demeyin! Fatih Sultan Mehmet Han vefat etmiştir! Yerine oğlu Bayezid Han geçmiştir!

* * *

KARDEŞ ÇEKİŞMESİ

Cem Sultan bu haberi almakta gecikmedi. Şimdi önünde iki şık vardı. Tahttan vaz geçmek ya da kardeşiyle mücadele etmek. Cem Sultan, ikinci yolu tercih etti. Hemen ağabeyine bir mektup yazdı. Osmanlı topraklarının eşit olarak aralarında paylaşılmasını teklif etti.

Sultan Bayezid'in cevabı çok sert oldu. Çünkü bu, tarih boyunca Türk devletlerinin yıkılış sebeplerinden biriydi. Göz göre göre devleti parçalayıp zayıflatamayacağını Cem'e bildirdi.

Bu cevap üzerine Cem Bursa'da kendi başına padişahlığını ilân etti. Bayezid ordusunu toplayıp hemen harekete geçti. Kardeşinin ordusuyla kıyasıya bir savaşa tutuştu.

Sonuçta Cem ağır bir yenilgiye uğradı. Ordusundan eser kalmamıştı. Bu durumda ağabeyine karşı koyması mümkün değildi. Kendine sadık birkaç adamıyla geri çekildi. Osmanlı topraklarının dışına çıkmak zorunda kaldı. Önce Mısır'a sığındı. Orada ailesini güvenli bir yere bıraktı. Hacca gitti.

Mısıra döndüğünde kendisini bir sürpriz bekliyordu. Ağabeyi bir haber yollamıştı. Eğer taht sevdasından vaz geçerse ona tam bir milyon akçe vereceğini söylüyordu.

Cem bu teklifi kabul etmedi. Emrindeki askerlerle yeniden Anadolu'ya geldi. Konya'yı kuşattı. Fakat Bayezid onu yakından izliyordu. Tedbirini çoktan almıştı. Bütün orduyu kardeşinin üzerine sürdü. Cem bu ordunun karşısına çıkmanın ölümle aynı anlama geldiğini biliyordu. Kuşatmayı kaldırdı. Mısıra dönmeye karar verdi.

Fakat Bayezid bu kez işini sağlama almıştı. Cem'in geçeceği yolları önceden tutmuştu. Mısır'a dönemeyeceğini anlayan Cem yolunu değiştirdi.

Rodos Şövalyelerinin eline düştü. Bu Şövalyeler Osmanlı'ya düşmandılar. Bu yüzden şehzadeyi bırakmayı düşünmediler. Cem, Hıristiyan askerlerinin elinde esir hayatı yaşıyordu artık. Daha sonra Fransa'ya, oradan da Roma'ya gönderildi.

* * *

ROMA'DA

Aradan yıllar geçti. Cem gurbet ellerde vatan hasretiyle yaşıyordu. Kaldığı yüksek bir kulenin penceresinden Roma şehrini seyrediyordu. Birbirinden alımlı binalar sıra sıra uzayıp gidiyordu gözlerinin önünde. Manzara gayet canlı ve güzeldi. Fakat Cem Sultan bunun farkında bile değildi. Yüreğinde, huzurunu bozan derin bir ızdırap vardı. Göğüs kafesi âdeta zorla inip kalkıyor, ona nefes aldırmak istemiyor gibiydi.

– Allah, Cem'e yardım etsin! Allah Cem'e yardım etsin!

Cem sesin geldiği yana döndü. Gözlerinde biriken ve etrafı net görmesini engelleyen yaşları elinin tersiyle sildi. Odanın diğer penceresi önünde kıpır kıpır hareket eden papağana baktı. Renklerin bir çok tonunun, üzerinde sarmaş dolaş olduğu harika bir kuştu bu. Kısa ve kıvrık gagasıyla önündeki yiyeceklere dokunuyor, fakat hiç birini yemiyordu. Sık sık başını kaldırıyor sahibine bakıyordu. Bu sırada hep aynı cümleleri tekrar edip duruyordu.

— Allah, Cem'e yardım etsin! Allah, Cem'e yardım etsin!

Cem Sultan papağana doğru birkaç adım attı. Yüzündeki hüzün şefkatli bir gülümsemeye dönmüştü.

Ağlamaklı bir ses tonuyla,

— Keşke şu söylediğin cümlenin ne anlama geldiğini biliyor olsaydın, dedi. Ama sen sadece duyduğunu taklit eden bir kuşsun.

Papağanın yanına geldi. Uzanıp eline aldı onu. Yavaşça kaldırdı, omzuna bıraktı.

Pencerenin önüne dönerken,

— Her ne kadar bizler gibi akıllı olmasan da çok seviyorum seni, dedi. Çünkü bu gurbet ellerde hâlimi bir Allah'a bir de sana açıyorum.

Bir süre düşüncelere daldı. Sonra kapıya doğru yürüdü.

Papağana,

— Şehri gezeceğim, dedi. Merak etme, fazla geç kalmam.

Cem Sultan hazırlanıp bahçe kapısından çıkarken, papa onu pencereden gözetliyordu. Hemen adamlarından birini çağırdı.

– Cem'i takip edin, dedi. Attığı her adımdan haberdar olmamız gerekiyor.

Adam sırıtarak,

– Emredersiniz Efendim, dedi. Sonra bir yılan gibi süzülerek Cem'in peşine takıldı.

Akşamüstü Papanın yanına dönüp olanı biteni anlatmaya başladı.

– Efendim, bu adam çok tuhaf biri. Sokakta rastladığı insanlara gülümsüyordu. Fakirlere bol bol para dağıttı. Onların derdini dinledi. Bunu gören halk da kendisine sevgi gösterilerinde bulundu.

Papa duyduklarına çok şaşırmıştı. Sakalını çekiştire çekiştire düşünmeye başladı.

Bir süre sonra adamına döndü.

– İzlemeye devam edin, dedi.

Adam başını sallayarak dışarıya çıktı.

Bu sırada Cem odasında namaz kılıyordu. Selâm verdikten sonra hâlini anlayan tek varlığa, Yüce Mevlâya ellerini açtı. Uzun uzun dua etti. Gözlerinden süzülen yaşlar yanaklarını ıslatıyordu. Ağladı ağladı...

– Allah, Cem'e yardım etsin! Allah, Cem'e yardım etsin!

Cem seccadesinden kalkmadan papağanına baktı. Sonra gözlerini yumdu.

Aynı cümleyi değiştirerek kendisi söyledi.

– Allah'ım Cem kuluna yardım et. Beni bu yabancı topraklardan kurtar. Hayattayken kurtulamayacaksam da öldükten sonra bedenimi buralarda bırakma! Mezarımı vatanımın bağrına kazsınlar. Üzerimde çan değil, ezan sesleri duyulsun.

* * *

YAKARIŞ

Ertesi sabah tan vaktinde kalktı. Namazını kıldı. Küçük Kur'ân'ını açtı. Saatlerce okudu.

Sonra kalkıp penceresinden dışarıyı seyre koyuldu. Her mahallede yükselen kiliseleri görünce,

– Allah beni affetsin, diye mırıldandı. Dünya saltanatı peşine düştüm. Güzel dinimizi anlatmak için koşturan Osmanlı ordusunda basit bir asker olsaydım keşke. Avrupa içlerine akınlar yapsaydım. Allah'tan uzak kalmış bu toplumlara kurtuluşun yolunu gösterseydim.

Papağanın sesini duydu.

— Allah, Cem'e yardım etsin! Allah, Cem'e yardım etsin!

Cem usulca döndü. Papağanın yanına geldi. Küçük başını elleri arasına aldı.

— Sana yeni bir dua öğreteyim, dedi. Şimdi söyle bakayım; Allah, Cem'e merhamet etsin! Allah, Cem'e merhamet etsin!

Papağan şaşkın gözlerle bakarak,

— Allah, Cem'e yardım etsin, deyiverdi.

Cem güldü.

— Sen akıllı bir kuşun evlât, dedi. Haydi söyle şu cümleyi; Allah Cem'e merhamet etsin!

Papağan hiç de oralı olmadı. Diğer cümleyi de söylemeyi bıraktı. Boş gözlerle sahibine bakıyordu. Cem ısrar etmekten vaz geçti. Kapıya doğru yürürken kendi kendine söyleniyordu.

— Bu insanlar benden bir şey elde edemeyeceklerini anladılar. Yakında hakkımdan gelirler. Allah sonumu hayretsin!

* * *

TEKLİF

Cem Sultan, kahvaltı öncesi biraz dolaşmak için aşağıya inmeye karar verdi. Sakin adımlarla bahçeye çıktı. Güllerin arasında dolaşırken karşıdan gelen papayı gördü. Aralarında bir metre kadar mesafe kalınca her ikisi de oldukları yerde durdular. Bir an göz göze geldiler.

İlk konuşan Papa oldu.

– Şehzade Hazretleri bu sabah nasıllar acaba?

Cem içten içe güldü bu söze. Ve hemen cevap verdi.

— Sizin elinize düşen adam nasıl olursa öyleyim. Anlayacağınız, sürünüyorum.

Papa bu cevaba şaşırmıştı. Kendini toparlayınca gülümsemeye çalıştı.

— Şehzadem, dedi. Sen çok iyi birisin. Halkımız sana hayran kalmış. Herkes seni öve öve bitiremiyor.

Cem, bu konuşmaların nereye varacağını kestirmeye çalışıyordu.

Çok geçmeden papa niyetini açığa vurdu.

— Gördüğün gibi, dindaşların seni dışladı. Vatanından uzakta, gurbet ellerde yaşamaya mahkûm oldun. Sana güzel bir teklifim olacak.

— Ne teklifiymiş bu?

Papa biraz düşünür gibi yaptı. Bu sırada nasıl bir tepkiyle karşılaşacağını anlamaya çalışıyordu. Nihayet dilinin altındaki baklayı çıkardı.

— Gel Hıristiyan ol!

Cem bir an sendeledi. Gözleri şimşek şimşek oldu. Bütün vücudu sinirden gerilmişti. Papa onun bu hâlini görünce atıldı.

– Canım hemen kızma. Hıristiyan ol, dedikse şakacıktan yani... Hıristiyan görün. Halkımız seni daha çok sever o zaman. Arkandan ölüme bile giderler. Sen de onlarla Osmanlı üzerine yürürsün. Kardeşini tahttan indirirsin. Koca devletin tek hâkimi olursun.

Cem, birbirine kenetli dişlerinin arasından cevap verdi.

– Değil Osmanlı Sultanlığı, bütün dünyanın hükümdarlığını verseniz dinimi değiştirmem. Ben Allah ve Rasûlüne gönülden bağlı bir Müslümanım.

Bunun üzerine Papa,

– Ama Hıristiyan halka sempati duyuyorsunuz.

– Bunu da nereden çıkardınız?

– Sizi izlettim. Yolda rastladığınız insanlara gülümsüyordunuz. Üstelik onlara para bile dağıttınız.

Cem güldü. Acırcasına baktı papanın yüzüne.

– Yazık, dedi. Siz benim dinimin güzelliğini bilmiyorsunuz. Demek ki bilseniz koşa koşa gireceksiniz İslâma.

Papa şaşırmıştı.

— Ne demek şimdi bu?

— Ben o garibanlara Hıristiyan oldukları için değil, ihtiyaçları olduğu için yardım ediyordum. Gülümsememe gelince, bu da dinimin güzelliklerindendir. İslâmiyette gülümsemek bile sadaka hükmünde sayılır, sevaptır.

Papa az önce söylediklerinden utanır gibi oldu. Doğrusu çok safça davranmıştı. Acele bir işi olduğunu bahane ederek hemen oradan uzaklaştı. Giderken kendi kendine kızıyordu.

Cem kahvaltısını yapıp yukarı çıktı. Sabah sabah yaşadıkları canını sıkmıştı. Vatanından kaç yıldır uzak kaldığını hesaplamaya çalıştı. Sonra papağanına döndü.

— Vay be, dedi. Tam on üç yıldır esir hayatı yaşıyormuşuz. Daha ne kadar sürecek bu durum?

Papağan başını çevirmeden konuştu.

— Allah, Cem'e yardım etsin! Allah, Cem'e yardım etsin!

Tam bu sırada Cem acıyla iki büklüm oluverdi. Karnı ağrıyordu. İki eliyle midesine baskı yaptı. Fakat acı daha da arttı. Birkaç dakika sonra yere yığıldı. Nefes almakta zorlanıyordu. O an öleceğini düşündü. Son bir gayretle şehadet getirmeyi denedi.

– Eşhedü enlâ ilâhe illallah ve eşhedü enne Muhammeden abdühü ve resûlühu!

Sonra hareketsiz kalakaldı. Papağan şaşkın şaşkın ona bakıyordu. Bir tuhaflık olduğunu fark etmişti. Bir hamlede uçup Cem'in başucuna geldi. Kıvrık gagasıyla sahibinin kulak memesini tuttu.

Cem hiç kıpırdamıyordu. Papağan göğsüne çıktı. Her zamanki gibi yine aynı cümleyi söyledi.

– Allah, Cem'e yardım etsin! Allah, Cem'e yardım etsin!

Çok geçmeden kapı açıldı. Papağan hızla yerine uçtu. Gelenler iki kişiydiler. Yerde yatan Şehzade Cem'in yanına kadar geldiler.

Şişman olanı eğilip dikkatle kontrol etti.

– Tamam, dedi. Bu ölmüş. Sen git haber ver. Mezar hazırlasınlar.

Diğeri kapıya doğru koşarken şişman adam da Cem'i sırtına alıyordu.

Haber tüm şehirde dilden dile yayıldı.

– Osmanlı Şehzadesi Cem bu sabah vefat etmiş!

Halk, bu iyi yürekli şehzadenin ölümünden büyük üzüntü duydu. Sokaklarda çoğu insan ağlıyordu.

Bu acı haber tez zamanda Osmanlı sarayına da ulaştı. Sultan Bayezid ve Osmanlı halkı derin bir hüzne boğuldu. Sultan Bayezid kardeşinin gurbet ellerde yaşadığı acıları düşündü. Doğrusu bu durum ölümden de beterdi.

Sultan Bayezid üç gün yas ilân etti. Kardeşinin gıyabında cenaze namazı kıldırdı. İstanbul halkı cami avlusunda talihsiz şehzadeleri için dua edip gözyaşı döktü.

Elçiler gönderildi. Cem'in cenazesi dört yıl sonra vatanına getirildi. Yanında kendisine ait eşyaları da vardı.

Bayezid kardeşinin eşyalarına bakarken onun yaşadığı acıları hatırladı. Dayanamadı, ağlamaya başladı.

Bu sırada eşyaların arasındaki kafesten papağanın sesi duyuluyordu.

– Allah, Cem'e merhamet etsin! Allah, Cem'e merhamet etsin!

Aynı anda Bursa'da Cem için bir mezar kazılıyordu, kardeşi Şehzade Mustafa'nın mezarının yanı başına... Öte yandan müezzinler öğle ezanı okuyorlardı. Allah, Cem Sultan'ın kulede yaptığı duayı kabul etmişti. Talihsiz Şehzade sağlığında olmasa da sonunda vatan toprağına kavuşmuştu. Bundan böyle kıyamete kadar ~~üzerinde~~ çan değil ezan sesleri yükselecekti.

* * *